マリー・キュリーの挑戦

科学・ジェンダー・戦争

川島慶子

Transview トランスビュー

マリー・キュリーの挑戦——科学・ジェンダー・戦争——＊目次

12 アインシュタインの妻 114

13 リーゼ・マイトナーの奪われた栄光 126

14 放射線研究に斃れた日本人留学生 144

装幀　クラフト・エヴィング商會
［吉田篤弘・吉田浩美］

マリー・キュリーの挑戦

科学・ジェンダー・戦争

好奇心いっぱいだった少女の私を
見守ってくれたすべての人に本書を捧げる

序―マリー・キュリーが投げかける問い―

日本の中学生や高校生に「あなたの知っている女性科学者を挙げなさい」と言うと、一位は断然キュリー夫人になります。次にかなり票数が下ってレイチェル・カーソンなどが来るようです。きっと世界中の多くの国々で同じ結果が出ると思います。アインシュタインほどではありませんが、キュリー夫人はその科学的業績を超えた名声を持っています。伝記だけでなく、有名な映画やテレビドラマなどにもなりました。子供向けの偉人伝シリーズでも、キュリー夫人の入っていないものを探すのは難しいでしょう。

では、数ある女性科学者の中で、どうしてこんなにマリー・キュリー（一八六七―一九三四）だけが有名なのでしょう。

ロシア占領下のポーランドに生まれた少女がパリに留学し、そこで成功を収めたという出世物語の部分でしょうか。それとも、夫との共同研究がノーベル賞を受賞したという、男女共同参画の先がけのような側面でしょうか。あるいは、その夫を事故で失いながらも、二人の娘と共に失意の底から立ち上がり、二度目のノーベル賞をはじめとする数々の栄誉に輝いたという、刻苦の物語の部分でしょうか。

十九世紀から二十世紀を生きた一人の女性、マリー・スクォドフスカ・キュリーがこんなにも世界中で注目され続けてきたのには、きっと彼女の持つさまざまな要素が影響しているに違いありません。本書はキュリー夫人とその時代に焦点をあて、いろいろな角度から、この魅力的な女性が現代の私たちに投げかける問題を考えていこうという試みです。

この本でみなさんは、彼女の発見した放射性の新元素をはじめとする科学的な問題だけではなく、ポーランドとフランスをとりまく当時の政治状況、あるいは当時から現在に至るジェンダーの問題、日本とキュリー夫人との深い関わりなど、今まで知らなかったこの女性をめぐる新しい側面を発見することになると思います。

1　少女の怒り

四つの要素

「その人は、女だった。他国の支配を受ける国に生まれた。貧しかった。美しかった。」

これは、その発刊から現在まで、常に変わらぬ人気を持ち続けているマリー・キュリーの伝記、次女エーヴ・キュリーが書いた『キュリー夫人伝』（白水社、二〇〇六年、以下『伝記』と略称）の冒頭です。この文章は、特にマリー・キュリーの若き日を、見事に要約しています。この四つの要素を抜きに、マリーの生涯は語れません。

エーヴの伝記はマリー・キュリーの死後、わずか四年で刊行されたにもかかわらず、そこに含まれているフランス、ポーランド、アメリカにまたがる資料は豊富で第一級のものです。しかも今となっては決してかなわぬ、関係者への直接インタヴューも含まれているため、キュリー夫人の研究者にとっては必読書です。それだけではありません。これは文学としての価値も高く、ジャーナリストとして活躍していたエーヴの文才が、遺憾なく発揮された作品です。

多くのハリウッド女優が主演を希望したと言われる、グリア・ガースン主演の映画『キュリー夫人』（一九四三年）の原作も、エーヴの伝記です。この本はあらゆる意味でマリー・キュリーを著名にしました。もちろん娘の書いたものですから、多少の美化はなされていますし、家族にとって都合の悪い話は省かれています。それでもなお、ここには名作だけが持つ、人の心を打つさまざまな要素があります。日本でもすぐさま一流の仏文学者たちによって翻訳され、野上弥生子《のがみやえこ》やあとに述べる湯浅《ゆあさ》年子《としこ》など、多くの女性たちに大志を抱かせるものとなりました。キュリー夫人は、世界中の女性たちにとって人生のロール・モデルの一人となったのです。

喪われた祖国

この章では特に、先のエーヴの文章中の「他国の支配を受ける国」の部分に注目したいと思います。それは一体何を意味しているのでしょう。そしてそのことは、マリーの性格や生き方にどんな影響を及ぼしたのでしょう。

エーヴの伝記の最後の部分に、マリーの葬儀の場面があります。ポーランドから駆けつけた兄と姉が、棺の上にひとにぎりの故国の土を撒く、というものです。最近の伝記によると、これは二人で相談したことではなく、ばらばらに思いついたことだそうです。妹のためにまったく同じことを考えていた彼らの心境は、どんなものだったのでしょう。そもそも当時ポーランド人であることは、何を意味していたのでしょう。

ポーランドの歴史は複雑で、特にポーランド分割の時代である十八世紀後半から、二十世紀半ばのナチス・ドイツの侵攻と、それに続くユダヤ人大虐殺の時代は、ポーランドにとって長い苦難の時期でした。コペルニクスを生み出した栄光の時代には、広い領土と高い文化を誇った（つまりその頃は周囲の国々を征服する侵略国でもあったわけですが）ポーランドですが、マリア・スクォドフスカ（後のマリー・キュリー）が生まれた一八六七年には、正式な国としては存在していませんでした。

ポーランドは、ロシア、オーストリア、プロイセン（のちドイツ帝国）に分割支配され、マリアの生まれたワルシャワはロシア領でした。そこでの公的な言語はロシア語であり、正規の宗教はロシア正教（ポーランド人は同じキリスト教でも通常はカトリック）でした。そしてポーランド人には、選挙権も被選挙権も認められてはいませんでした。こうしたロシアの占領に対し、ポーランド人は何度も蜂起しては失敗し、多くの血が流されました。どの家にも祖国に殉じた者が一人は存在する、というような状態だったのです。ショパンの名曲「革命」は、じつにこうした歴史の流れが生み出した芸術なのです。

この十九世紀はまた、国民国家の時代でもあります。それまでの時代なら「国家」や「国境」という言葉は、さほどの意味を持つものではありませんでした。人々にとって重要なのは、「愛国心」よりも「愛郷心」でした。国王に統治されていることになっている「国」や「国境」は、ゆるやかな拘束力しか持たず、ほとんどの人々にとってアイデンティティの核ではありませんでした。このことは戦争の仕方に明白です。それまでの時代の主要な戦力は自国の兵士ではなく「傭兵」でした。給金がよければフランス人がドイツ諸侯のために戦うことも、よくある話でした。

しかし国民国家の兵士たちは、「徴兵」で集められた〝愛国の士〟です。兵士は祖国のために戦うのです。ですから、国境線が変わるというのは大変なことでした。そしてこのような時代に、「国がない」つまり「市民としてのさまざまな権利が剝奪されている」という状態は、それ以前には考えられないほどの屈辱であり、不利益だったのです。だからこそポーランド人はこの、「国のない」状態から、なんとか脱したいと切望していたのです。

少女マリアの夢

独立への準備要件としてポーランド人が重要と考えたことは、母国語と宗教の継承でした。これこそ民族の要《かなめ》です。十九世紀のはじめに、何百年もの空白を経てギリシャが独立を果たせたのも、（人種は完全に混ざりながらも）言葉と信仰が守られたればこそです。ギリシャ語とギリシャ正教という共通項が、ギリシャ人を団結させ、支配者であるトルコ人と自分たちの区別を可能にしたのでした。

マリアたちは家や学校でこっそりとポーランド語を習い、カトリックの教義を守るよう教えられます。このことはまた、ロシアに対して面従腹背している自分たちを、鋭く意識することでもありました。それは愉快なことではありませんでしたが、無自覚的にロシアの言いなりになるよりは、確実に自分たちの自尊心を保てる方法だったのです。エーヴの伝記はこのあたりの事情を、子供のマリアの目を通して、じつに丁寧に描いています。

こんな屈辱の中で彼らを支えたのが、かつての栄光の時代の記憶でした。ポーランド人は誇り高い人々です。ギリシャほどではないにしても、ヨーロッパの人々にとってポーランドは名もなき国ではないのです。たとえ今現在「国がない」状態であっても、ポーランドの栄光の過去は、フランス人に敬意を抱かせるものであり、マリアに誇りを与えてくれるものでした。このこともまた、彼女とその同胞たちが自暴自棄になることなく、未来への夢を持つことができた理由の一つでした。

母国語とカトリックの信仰（マリアは信心深い母と長姉の早世により、これを捨ててしまいましたが）と並んで、ポーランドの知識人たちが重視したのが、ポーランド実証主義でした。これは「教育」を重視する思想でもあります。つまりポーランド人は、自分たちの言葉でさまざまな学問をおさめることによって論理的思考を身につけ、精神においてもロシアに対抗する力を持とうとしました。無知は何かをなす上で敵だと思われていました。無知こそは人を奴隷状態にとどめおくものであると、知識人たちは考えたのです。

ですから、それがポーランド人によってなされるのなら、政治上の革命も学問上の革命も、同じように価値があることになります。中でも科学は、特に理性と近代化の象徴として高く評価されました。物理の先生になって、同時に政治的行動においても祖国の独立に力を尽くそうと思っていた少女マリアの夢は、特異なことでもなんでもなく、当時のポーランドの知的エリートにとっては、ごく自然な考えだったのです。

左よりマリア、父、ブローニャ、ヘラ（1890年）

こうした流れの中でマリアは、ポーランドの知識人たちが組織していた、主に女子学生のための〝移動大学〟という秘密の教育組織で科学を学びます。というのも、ポーランドでは女子が大学入学資格を持てなかったからです。それでも、女子にも高い教育が必要だと思った人々はこの組織を作り、ロシア当局の裏をかきながら、ポーランドの女性も男性に劣らず、祖国の近代化のために知識を吸収したのです。

しかも、知識を得ただけではありません。彼女たちはその知識を、もっと下の世代にも伝えようとしました。マリアが姉ブローニャの学費を稼ぐために、住み込みの家庭教師をしていたのは有名な話ですが、彼女はそこで、雇い主であるお屋敷の主人の子供たちだけではなく、近隣の農家の子供たちにも勉強を教え、未来の「ポーランド市民」育成の一翼を担おうとしたのです。マリアやブローニャが、パリの大学で学問を修めたのは、彼女たちに知的好奇心がありながらも、国内では正式な大学生になれなかったからですが、それだけではなかったのです。ポーランド人が一人でも多く高い学問を修めることは、祖国に貢献することでもあったのです。当時のポーランド人にとって、学問することは、単に個人の知的欲求だけの問題ではありませんでした。

たとえばブローニャは、マリアの仕送りのおかげで医者になり、やはり同胞で医者のカジミェシュ・ドウスキと結婚しましたが、この男性は親の世代からの革命家です。カジミェシュは、その政治的活動のために亡命せざるを得ず、遠くパリから同胞を援助します。そしてブローニャもこれに協力します。二人は医師として働きながら、祖国のために尽くしました。

「女らしさ」を超えて

ここには、男女の社会的な性別役割であるジェンダーを超える大義が存在します。ロシアという共通の敵の前には、男も女もありません。ロシアの裏をかくことができるなら、「女らしさ」など問題にはされません。ポーランドの女たちは小さい頃から、それがロシアを標的とすることなら、自分たちの怒りを外に出すことを、同胞の中で許されてきたのです。これはたとえば、当時の「先進国」であるフランスやイギリスの女たちには、許されないことでした。十九世紀にはその前の世紀以上に、女たちには、家族や世間に対して自分の欲望を抑えて奉仕する、つまり利他的であることが求められました。「怒り」や「競争心」といった感情は、「女らしさ」に反することとして、その存在すら認められなかったのです。

しかしポーランド女性は違います。ロシアに対する怒りや競争心は、男たちの前でも歓迎されました。自分の怒りや競争心が好意的に受け止められるということは、大いなる集中力を必要とする仕事を成功させる条件の一つでもあります。それが政治上の問題であれ、学問上の問題であれ、「今のままでいけない」「ここを誰よりも先に突破したい」という気持ちを気がねなく自分に許せることこそが、その問題をまっすぐに取り扱うことのできる必要条件だからです。

私がここで強調したいのは、このような歴史的条件下では、マリー・スクォドフスカ・キュリーの成功は、決して彼女一人のものではなかったということです。彼女の後ろには、先祖たちの栄光と戦いの歴史がありました。彼女がその生涯で、男性に対して一歩も引かなかったのは、自分が女である以前にポーランド人であるという事情が、抜きがたく存在していたからです。彼女は自分の発見した元素のひとつを「ポロニウム」と名づけました。これは祖国の名をそこに永続させんとした、彼女の気概の賜物《たまもの》です。たしかにマリー（マリアはパリ留学後、フランス風にマリーと名乗りました）は、ピエール・キュリーの求婚と懇願によって、直接に政治的な当初の志を断念しました。しかし抵抗の精神を捨てたわけではないのです。マリーは戦いの場を科学の世界に移し、大成功をおさめたのです。

マリーの抜きん出た知性と毅然とした態度は、ときにフランス人男性のプライドを傷つけ、「女らしくない女」として批判されることもありました。しかし同胞たちは男も女も、常に「自分たちのマリア」を支援したのです。彼女が心のうちにポーランドを抱いている限り、彼女は孤立しませんでした。彼女がノーベル賞の受賞後にアメリカで受けた、ポーランド人移民たちからの熱狂的な歓迎は、このことをよく物語っています。

マリーは最後まで、祖国の研究環境を向上させようと努めました。彼女は、故郷ワルシャワにも、パリと同じラジウム研究所を設立するための基金集めをし、この計画を実現させます。マリーは故郷に錦を飾り、一九三二年、ここの開所式に主賓として招待されています。キュリー夫人生誕百年目の一九六七年には、彼女の生誕の地であるフレタ通りに、ポーランド化学協会によって「マリア・スクォドフスカ・キュリー博物館」が開館しました。そこではまぎれもなく、この女性は祖国の英雄であり、フランスに帰化しようがしまいがポーランド人なのです。

答えの出ないジレンマ

こうして見ると、近代的個人という考え方は、じつはここでは通用しません。よく人は「才能があれば」、あとはその個人の努力により目的を達成できると言います。つまり成功しなかったのは、その個人の才能か努力のどちらかが、あるいは両方が欠けていたから、というわけです。しかしこれは本当でしょうか。

マリー・キュリーは確かに素晴らしい才能を持ち、努力を惜しまなかった人物です。しかしそれだけで、彼女があそこまでの成功を収めることができたでしょうか。もしも彼女が平和の中に育てられた、中産階級出身のフランス人少女だったら、女子の入学を認めはじめたばかりの（つまり男子ばかりの）ソルボンヌ大学の理学部に入学したいと考えたでしょうか。なんとこの当時、ソルボンヌ大学の女子学生の中で、フランス女性は少数派でした。ポーランド人女子学生のほうがフランス人女子学生より大勢パリにいた、という事実が物語っているものは、非常に重要です。

さらに言えば、あとに述べるミレヴァ・マリッチ（12章参照）や、その他無名の、当初の志を果たせなかった十九世紀末から二十世紀はじめのパイオニアの女子大学生には、誰もマリーほどの「才能」はなかったのでしょうか。「才能」とは何なのでしょう。それは「個人」の肉体を境界として、その中にのみ存在している不変の宝なのでしょうか。むしろこういった自助努力を強調する態度は、「個人」をとりまく社会の歪みを、個人という局所的問題に還元し、社会の既得権益を守りたい人々のためにこそ、有利な考え方なのではないでしょうか。もちろん、すべての人にあらゆる才能の芽が与えられ、無限の可能性が開かれているなどと考えるのは、単なる幻想です。しかし「才能さえあれば」あとは自動的に、と思うのも、それと同様のむなしい幻想にすぎません。

マリー・キュリーがその傑出した業績を正当に評価され、自立した女性科学者としての人生を全うできたという事実は、女性の社会進出という問題を重要視するすべての人にとって喜ばしいことです。しかし、その成功を準備した条件とは何であったのかに着目するとき、私たちは人類の歴史、とりわけ戦争や革命が私たちの生活にもたらすいくつかの皮肉な局面について、考えざるを得ません。私たちは平和の中に、戦時よりも多くの価値の平等を実現できる機会を持てるでしょうか。そのために科学が貢献できることがあるでしょうか。

少なくともキュリー夫妻は、それを望んでいたに違いありません。ノーベル賞の記念講演でピエールは自分を、「人類は新発見から、悪よりも善を多く得るだろうと、考える者のひとり」であると言っています。しかしこの言葉が正しいかどうかの答えは、まだ出てはいません。

2　三つの恋の物語

悲恋に耐えて

『二十世紀を変えた女たち』（白水社、二〇〇〇年）の著者、フランス史家の安達正勝は、キュリー夫人は面食いだったと書いています。安達はその理由として、彼女の方が積極的であった恋、つまり初恋の人であるカジミェシュ・ゾラフスキと、不倫スキャンダルとなった恋愛の相手であるポール・ランジュヴァンが、共に美男子であったことを挙げています。安達はピエール・キュリーをこの範疇に入れていないのですが、私としてはピエールもまた、この端っこに入れてもいいのではないかと思います。じじつ、十九歳のピエールの写真を見ると、なかなかの美青年です。少なくとも彼は最期まで、「むくつけきおのこ」などという感じではありませんでした。マリーは、

19歳のピエール・キュリー

いかにも「おとこおとこした」感じの男性は好みではなかったのでしょう。

彼女が初めて恋をした男性であるカジミェシュは、まさに女の子の夢見る「白馬の王子様」でした。彼は、王家につながるチャルトイスキ家の地所の管理をする、裕福な家に生まれた秀才にして美貌の青年でした。二人が出会ったとき、マリーは彼の家の住み込みの家庭教師として、カジミェシュの妹たちを教えていました。しかるべき家柄に生まれながら経済的に恵まれなかった、誇り高い才女であるマリーは、ためらいながらも、ワルシャワ大学理学部で数学を学ぶエリートだった、この一歳年上の青年と恋に落ちます。青年もまた、ふだん自分のまわりにいる「お嬢様」たちとはまったく違う、強い個性と高い知性をそなえた女家庭教師に、強く惹かれてゆきます。

この、まるで十九世紀ロマン派の恋愛小説のような筋立ての幼い恋は、やはりこういう小説によくあるように、家柄や財産の違いを理由にカジミェシュの両親の大反対にあい、破局を迎えます。

カジミェシュには、両親を説得する力も、マリーと共に家から飛び出す勇気もありませんでした。これは、マリーには大きな屈辱です。ちょうど同時期に、次姉のヘラも、やはり財産の問題から縁談が破談になったところでした。本人の能力とは無関係なところで結婚の是非が決められてしまうことに、マリーは激しい怒りを覚えます。この頃の彼女の手紙を読むと、自分の才能に対する誇りと、自分の置かれている立場との差に、どうしようもないジレンマを感じて悩む青年期の心理が、ありありと表現されています。

しかも話はこれで終わりません。マリーはカジミェシュとの結婚が拒絶されてからもなお、経済的理由からゾラフスキ家に留まったのです。この家からもらう家庭教師としての収入を、手放すことができなかったからです。パリで医学を学ぶ上の姉ブローニャの命運が、マリーの仕送りにかかっていました。マリーは耐えます。そしてこれが一年以上も続くのです。まさに試練としか言いようのない年月でした。

故国を捨てた恋

さて、マリーの二つ目の恋は、誰もが知っているピエール・キュリーとの恋愛です。マリーの仕送りのおかげで、安心して医学を学ぶことができたブローニャは、医師として働けるようになったので、約束どおり妹をパリに呼び寄せます。そこでマリーが出会ったのが、物理化学学校の教師であり、すでに物理学者として業績を上げていたピエール・キュリーでした。二人はその出会いのときから、おたがいに惹かれあいますが、マリーは当初、故郷を捨てることなど夢にも思ってはいませんでした。いつもは引っ込み思案のピエールは、このときだけは生涯最大の勇気を出して、ポーランドに帰って物理の先生をしながら祖国の独立のために活動するというマリーを、引き止めます。

二つ目の学士号（最初は物理で一位、次に数学で二位）をとったばかりのマリーに、ピエールはこんなラヴレターを書いています。

私たちはおたがい、少なくとも深い友情で結ばれていようと、約束しましたね（ちがいますか？）。

あなたの気持ちが、変わっていないといいのですが！　約束などというものは、ふつうあまり守られるものではないし、そもそも強制されるものではありませんから。それでも、たがいに寄りそい、ふたりの夢を追いながら人生を送っていくというのは、私があえて信じてみたい、美しいことなのです。祖国に対するあなたの夢、人道的な私たちの夢、そして科学にむける私たちの夢。
　このうち最後の夢だけが、当を得ていると私は思います。（『伝記』、一八八頁）

ピエールは他の手紙で、なんと、二つに分割できるパリのアパルトマンで「独立性を保った」同居ができないかという、奇妙な提案までもちかけます。あるいは、自分がポーランドに引っ越すなどとも言い出します。ピエールのラヴレターを、「腰が引けている」と評する人もいます。たしかに、情熱的だったりロマンチックだったりする手紙ではありません。が、マリーの心には響いたのです。彼女は政治的活動を断念し、ピエールと結婚してフランスに留まることを決意します。

　しかし祖国に対して後ろめたさがあったのでしょう。幼なじみのカージャに「このお手紙が着くころには、あなたのマーニャ〔マリーのポーランドでの愛称〕は、名字が変わっていることでしょう。去年、ワルシャワでお話した男性と、結婚することになりました。これからはもうずっとパリにいなくてはならないのは、とてもつらいけれど、ほかにどうしようもありません。運命の力で、わたしたちはたがいに深く結びつき、はなればなれになると思うことさえ耐えられなくなったのです」（『伝記』、一九八頁）という表現で、結婚の報告をしています。

この結婚は成功しました。誰もが知っているように、フランスにも、ポーランドにも、女性の社会進出のためにも、そしてもちろん科学の発展にとっても、大きな一歩となったのです。

じっさい、ピエールとその両親のマリーに対する支持は、初恋の屈辱を補ってあまりあるものでした。彼らはみな、彼女をピエールの妻としてだけではなく、優秀な科学者として扱ってくれたのです。これほどの喜びがあるでしょうか。

尊敬と愛情

マリーは結婚から四年たっても、「なんと言っても夢のような最高の夫がいるんですもの。こんな人とめぐりあえるなんて、思ってもみませんでした。これこそ天からの贈り物です。いっしょに暮らせば暮らすほど、たがいにますます愛しあうようになっています」（『伝記』、二四九頁）と、姉のブローニャに書き送っています。

そこに理解と信頼があったとはいえ、新婚生活を「本当のことを言うと、また娘時代に戻ってもかまわないという気がします。女性の人生がどんなに難しいものかわかってしまったのですもの」（スーザン・クイン『マリー・キュリー』1、一〇頁、みすず書房、一九九九年）と友人に報告せざるを得なかった、マリーの母スクォドフスカ夫人とは、大きな違いです。

もちろん時代は十九世紀ですから、共働きの家事分担などということはありえません。家事は、マリーあるいは女中の仕事でした。合理的なマリーは家事を簡素化し、ピエールとの研究を優先するかたちで家政をとりしきりました。そもそもピエールの欲しかったのは、科学における同志です。研究こそが、この二人の生活の中心でした。キュリー博物館に残されている、夫妻の筆跡が交じり合った研究ノートからわかるのは、この二人の密接な協力体制であり、互いに対する深い尊敬と愛情です。

後に、マリーがピエールの伝記の中で書いているように、ポーランドとフランスという別々の場所に生まれながら、教育に対してよく似た価値観を持つ父の子供であったこの二つの魂は、互いの中に自己の分身を見出したのです。二人の父親たちは、科学研究者にあこがれながら、経済的事情によりその道を断念したのでした。彼らは、自分の子供たちの向学心を応援しました。こうして「父の娘」と「父の息子」は協力し、「放射能」という新しい火の発見に挑みます。

夫妻に与えられた研究環境は、すばらしいとは言いがたいものでしたが、研究に没頭できる日々は幸せでした。二人の努力は実を結び、最終的にノーベル賞というかたちで世界的な評価を受けます。

さらにピエールは、ソルボンヌ大学理学部の教授に任命され、フランス科学アカデミーの会員にもなります。マリーは彼の実験室の主任として、やはりソルボンヌに職を得ます。現在なら「ノーベル賞受賞者が実験主任?!」という感じですが、当時の女性としては破格の待遇でした。

ピエールの突然の死

しかし、この共同生活に突然の終止符が打たれます。一九〇六年四月十九日の雨の日、理学部教授連盟の会合のあと、ピエールは馬車に轢《ひ》かれて死んでしまいます。結婚十一年目のことでした。それは皮肉にも、朝に些細な夫婦喧嘩があった日でした。どこの家にでもあるような、ちょっとしたトラブル。ピエールが夜に帰ってきたら、笑って済ませられるような些細な喧嘩。しかしそれが、夫妻の最後の会話になりました。

マリーは打ちのめされます。エーヴの描く、ポーランドからかけつけたブローニャの前で錯乱状態になるマリーの姿は、私たちの胸をえぐるものがあります。彼女は隠しておいた血まみれのピエールの衣服を、暖炉の火にくべようとします。しかし、そこにこびりついている腐った脳髄をみつけ、それに口づけしはじめたのです。

ブローニャは必死でマリーを引きはなし、はさみも取りあげて、今度は自分でそれを切りきざみ、炎に投げいれた。

（中略）

「それでこれから、どうやってわたしは生きていけばいいのか教えて。そうしなくちゃいけないとは思う、でもどうすればいいの？　どうすればいいの？」（『伝記』、三六四頁）

しかし、いつまでも絶望しているわけにはいきません。彼女には、ひたすら母を頼りにしている八歳と一歳の娘がいるのです。フランス政府は、ソルボンヌでのピエールの後任に、マリーを指名します。「放射能」の講座を担当できる人間は、他には誰もいなかったのです。マリーはこの申し出を受けます。こうして、じつに皮肉な話ですが、ピエールの悲劇的な死と引き換えに、まったく意図せざるかたちで、フランスは国家史上はじめて、女性大学教員を誕生させたのです。

もしあのとき馬車があの道を通らなかったら、この日に理学部教授連盟の会合がなかったなら、もし、もし、もし……。ピエールがもっと生きていたら、キュリー夫人がソルボンヌ大学の教授になることはできたでしょうか。それは誰にもわかりません。確かなことは、ピエールは愛によって、兼業革命家マリア・スクォドフスカを専業科学者キュリー夫人に変え、自らの死によって、彼女をフランス史上初の女性大学教員にしたということです。それは、マリーに対するピエールの最後の贈り物であり、この「変人」科学者にふさわしい、妻への記念品だったと思います。

ソルボンヌで最初に講義をした日、マリーはいつもの簡素な黒い服で教壇に立ち、ピエールが終わった次のところから、淡々と話を始めたといわれています。教室にはこの日、フランス初の女性大学教員を見ようとする野次馬が学生以上にいたそうですが、マリーはそんな人々には見向きもせず、放射能について理解する気のある人間に対してだけ講義をしました。

予期せぬ不倫

ピエールの名前が出るだけで、心が引き裂かれそうになるのに耐えながら、マリーは黙々と仕事をこなしました。マリー自身も周囲の人々も、エーヴが伝記に書いたように、この先の人生は、キュリー未亡人の「余生」だろうと思い込んでいました。しかし運命はマリーに、三度目の恋を与えます。

しかもそれは、まさに恋という名にふさわしい、天国と地獄を伴うものでした。

　この恋はマスコミをにぎわせ、しかもその渦中で二度目のノーベル賞が授与されるという劇的な展開をたどることになるもので、エーヴの伝記では抹殺されている部分です。先の安達正勝は、この恋人ポール・ランジュヴァンと、初恋の人カジミェシュとの類似を強調していますが（確かに二人ともにすばらしい美男子です）、私はむしろ、この最後の恋と、以前の二つの恋との違いについて強調したいと思います。

　というのも、恋人たちの年齢や社会的地位に着目すると、はじめの二人は出会いのときに、こうしたものがマリーより高かったからです。カジミェシュはマリーより一つ年上で大学生、先にも見たように、家柄も経済状態も上です。彼女はそのとき、貧しい高校卒の家庭教師です。ピエールはマリーより八歳も年長で、すでに科学者として名を成しており、物理化学学校の教員でした。マリーはソルボンヌ大学の学生です。誰でも経験があるでしょうが、最初の印象というものは、その人間関係において、あとあとまでかなりの影響を持つものです。

　ですから当然、キュリー夫妻の関係は最後まで、どこかしら「先生と生徒」という部分を持っていました。ピエールは、自分が大好きだった学生時代のマリーの写真を見ては、「とてもお利口で小さくてかわいい女子学生さん」と呼んでいたそうです。マリーが政治的に弱い立場のポーランド人であったことも影響したでしょうし、夫妻の関係では、どちらかというと、やはりマリーが「守られる」立場でした。ところがポールとの関係では、これが逆転します。

年下の男

ポール・ランジュヴァンはピエールの愛弟子で、マリーより四歳ばかり年下。当時は師のあとを継いで、物理化学学校の教授の職に就いていました。しかしこの「科学者」という進路は、じつは偶然の産物でした。ポールはマリーやピエールと違い、労働者階級の出身です（ピエールは医者の子供で、マリーの両親は教員です。経済的にはともかく、身分の上では彼らは当時の中流階級に属するのです。もっと言えば、マリーの両親は共に没落した荘園貴族の末裔で、由緒ある家柄です）。ポールの両親は教育熱心でしたが、子供の彼には、「学者になる」などという思いはありませんでした。物理化学学校に行ったのも、手に職をつけるためです。ところが、ピエールがこの少年の才能を見出し、純粋科学の世界に誘います。ポールはこの控えめで知的な師を尊敬し、自分の道をそこに定めます。

しかし結婚に対しては、この師と弟子とは全く違う態度を取りました。ピエールは長い間、「結婚は研究には邪魔」として、むしろ女性から遠ざかっていた「変人」です（マリーと出会ってその結婚観を変えたのです）。普通の人であるポールは、二十六歳で四歳年下の同じ階級の女性と結婚し、四人の子持ちになります。そしてこの結婚は当然ですが、ピエールがそれゆえに忌避したところの、あらゆる世俗的要素を備えたものになりました。

ポールの妻となったジャンヌは、その階級の普通の女性として、家族が少しでも裕福になることを望みました。つまり物理化学学校の優等生なら、純粋科学などという無駄なことはやめて、大企業に就職し高給取りになってほしいと願ったのです。じっさい企業からそういう誘いもありました。ジャンヌの望みは、四人の子供を育てる労働者階級出身の主婦として真っ当と言えるでしょう。

ところがポールの同僚の科学者たちの多くは、そうは思いませんでした。彼らはこんなジャンヌを、「悪妻」と決めつけます。ジャンヌの周囲の人々、特に彼女の母から見れば、ポールこそ「悪夫」でしょう。こうして夫婦の生活に、どんどん亀裂が入っていきます。そんなときに、ポールはマリーと恋に落ちたのです。

最初はたぶん純粋に、優秀な同僚であり、尊敬する亡き先生の奥さんでもあるこの女性を、慰めたいと思ったのでしょう。しかし自分も孤独だったポールは、未亡人マリーの孤独に共鳴します。こうして大スキャンダルの種が蒔かれました。このときマリーは四十三歳。フランス初の女性大学教授（ピエールの死の直後に得たポストは講師で、一九〇八年に「教授」に任命される）であり、女性初のノーベル賞受賞者で、世界に名だたる科学者です。いくらポールが優秀でも、その社会的地位には大きな開きがあります。ポールにとってキュリー夫人は、「亡き先生の偉大な奥様」なのです。マリーはいつしか、この年下の恋人を「守る」立場になってゆきます。

二人の関係に気づいた妻のジャンヌは怒り狂います。というのも、これは単なる浮気というよりも、ジャンヌ自身の価値観や存在そのものの否定だったからです。高い学歴を持ち、男に頼らず、専門職業に就いて世間の尊敬を集めている、自分より年上の女性などという存在に恋している夫を持った、学歴も経済力もない主婦がどういう気持ちになるか、ちょっと想像していただければおわかりと思います。

しかしポールには、妻のそんな気持ちは理解できません。彼はその点、まったく鈍感な「普通の男」です。あまりにも特殊な環境に生きてきたマリーにも、このことが理解できません。彼女もまた、ポールの周囲の科学者たち同様、ジャンヌを、ポールの高貴な仕事や素晴らしい才能を理解しようとしない悪妻だと思っていました。要するに「彼を理解し、守ってあげられるのは私だけ」という甘美な幻想に溺れてしまったのです。

たしかにポールは才能のある科学者でした。彼はアインシュタインに、「もし自分がいなければ、ランジュヴァンが相対性理論を発見しただろう」とまで言われた人物です。マリーはそんなポールを正しく評価し、彼の持つ、自分とは違うタイプの科学的才能にも、強く惹かれたのだと思います。しかし彼との恋愛についての彼女の見通しは、甘いと言わざるを得ませんでした。ポールは魅力的ですが、その魅力は、女性に対するリアリズムの欠如と表裏一体のものだったのです。


「ランジュヴァン事件」と二度目のノーベル賞

ある日、ポールの私物管理のずさんさから、マリーからポールに宛てた手紙が、ジャンヌ母娘の手に渡ってしまいます。そしてこれが、彼女たちの手によって三流マスコミに流されたのです。俗に言う「ランジュヴァン事件」の始まりです。

二人の周辺は大騒ぎになりました。しかも悪い時期でした。一九一一年というこの年は、いまだスパイ疑惑をかけられたユダヤ人であるドレフュスの事件の余韻がフランスに深く残り、ユダヤ人差別と、それに対する反対運動の厳しい対立が存在していた時期です。こういうときには、他の外国人差別もひどくなります。加えて、一九〇五年の政教分離法が、この頃のフランスをまっぷたつに分けていました。「教会を捨てた」キュリー家は、カトリックの伝統を重視する人々からの批判の対象でした。こうしたことが重なって、マリーの自宅に投石する者まで出る騒ぎになり、彼女は二人の娘と身を隠さねばならなくなりました。幼いエーヴにとって、この事件がトラウマになったのは当然です。

こうして「偉人」キュリー夫人は、「真っ当なフランス人家庭をこわした悪い外国人女」（じつはランジュヴァン夫妻はもっと前から別居と同居をくり返していましたが、その事実はマスコミに無視されました）という地位に転落します。このことでソルボンヌ大学は苦しい立場に立たされます。外国人教員が多い象牙の塔は、「フランス人の仕事を奪う」悪い組織として、以前から国家主義者たちに攻撃されていたからです。中でも科学者は、「教会を敬わない連中」として危険視されていました。しかもマリーは女です。国家主義者にとっては三重の敵です。無神論の外国人女が、フランス人男性のポストをひとつ奪っている上に、フランス人家庭を壊すなど、許しがたい行為です。キュリー夫人はソルボンヌにふさわしくない、という世論が盛り上がります。

最終的には彼女のポストは維持されますが、そこに至るいざこざは、マリーの神経をずたずたにしました。しかし一方、ポールにはなんのお咎めもないのです。「殿方の浮気」は仕方のない「おいた」であり、「女性の不貞」は「あってはならない悪徳」というのが、法的にも道徳的にも当時の共通了解でした。

この混乱状態の中で第十一回ノーベル化学賞が発表され、フランス人はその結果に驚きます。キュリー夫人が、「ラジウムの発見」で単独受賞を果たしたのです。授賞式に行かない方がいいのではないかと忠告する人もいましたが、「私生活と科学は無関係」と、マリーは長女を連れてストックホルムに出かけます。物理学賞の授賞式ではピエールの演説を「聞く」立場のマリーでしたが、今度は自分が話すのです。

ここで彼女は、夫と自分の役割分担を明らかにし、「自分が」成し遂げたのは何かということを、公衆の前で堂々と訴えます。というのも、いまだにキュリー夫人はピエールの「助手」で、夫妻の研究については、主たる研究者は夫の方だったと公言して憚《はばか》らない人たちがいたからです。ランジュヴァン事件を報じる記事でも、この見方が優勢でした。たしかにピエールの役割は重要ですが、これはもともとマリーの博士論文研究に端を発したものです。妻はおまけなどではなく、この研究の要です。もちろんマリーは、亡き夫への感謝と賞賛を述べることも忘れません。ピエールが生きていたら、再び共同受賞になったのは明らかだからです。

こうしてマリーは、一九七二年にジョン・バーディーンが二度目の物理学賞（一度目は一九五六年に「半導体の研究」により）を受賞するまで、科学関係のノーベル賞を二度受賞した唯一の科学者になりました。

数奇な運命

こうした騒ぎの中で、ポールはどうしていたのでしょう。マリーを中傷する記事を書いた記者に決闘を挑む、などという勇ましい行為もあるにはありましたが、概して彼は逃げ腰でした。マリーは、ポールとの共同生活をかなり本気で考えていたのですが、四人の子供の父であり、主たる家計負担者である彼が、どこまで本気で妻のジャンヌとの離婚を考えていたのかは、よくわかりません。だいたいカトリックの国フランスでは、離婚するのは至難の業《わざ》でした。

結局、マリーとポールは別れます。長い別居の後ですが、ポールはついに家庭に帰り、表面的には平和が保たれました。そしてマリーとポールの二人は後に、良き同僚として友人関係を保てるようになりました。これはずっと先の話ですが、マリーの二人の孫の一人、つまり娘のイレーヌ・ジョリオ＝キュリーの子供エレーヌ・ジョリオが、ポールの孫のミシェル・ランジュヴァンと結婚することになります。なんとも数奇な運命ではありませんか。

記録に残っているかぎり、キュリー夫人がこのあと恋をした形跡はありません。いずれにせよ、ここで紹介した三つの恋にまさる経験はなかったでしょう。彼女は自分を、ピエール・キュリーの伴侶、キュリー夫人として規定し直し、再び静かな研究生活へと戻ります。マリーは最後の恋で、まさに天国と地獄を経験しました。しかし決して地獄に圧倒されませんでした。

一方、ポールはいつまでも恋多き男でした。彼はあいかわらず家庭生活に不満で、このあと何度も恋愛し、教え子の女子学生との間に子供までなしています。ポールはどうしても、女性の中にユートピアを求めることをやめられなかったのでしょう。それは見果てぬ夢ですが、ポールは夢を追い続けました。

自分の孫がキュリー夫人の孫と結婚することになったとき、すでに未亡人となっていたポールの妻ジャンヌは、これを快く受け入れたといわれています。もしかしたら最後に人生の不思議を理解したのは、「悪妻」ジャンヌの方だったかもしれません。

たたずむ男の想い

こうして最後の恋は終わったのですが、ここでもう一度、初恋の男性に登場してもらいましょう。いったいあのあと、カジミエシュはどうなったのでしょう。彼は大学卒業後、当初の目的であった農業技師にはならずに、理工科学校の数学教師となり、後半生をワルシャワで過ごしました。彼はかつての恋人が栄光の階段を上り、祖国の英雄となっていくのをつぶさに眺めていました。その経歴から考えても、カジミエシュはマリーの仕事の意義を、はっきりと理解していたに違いありません。品のいい老人となったカジミエシュは、しばしばワルシャワの小さな公園を訪れ、そこあるマリー・キュリーの立像の前にたたずみ、いつまでもその姿を眺めていたと語り伝えられています。

この話を聞くと、私はもう一人のポーランド人男性のことを思い出します。カジミエシュの母校ワルシャワ大学の発案者とも言われる、ポーランド最後の国王スタニスワフ・アウグスト・ポニャトフスキです。彼もまた若き日の恋を忘れられず、折に触れては、かつての恋人にしてロシアの女帝エカテリーナ二世のことを思い出していたそうです。この二人の男性はともに上品で美しく、教養深く心優しい、そして少しばかり気の弱い人たちでした。彼らの思い出の女性たちは、二人ともに異国でその才を発揮し、世界史に消えることのない足跡を残しました。ただ、このエカテリーナ二世こそが、先に述べたポーランド分割に加わり、後世にまで残るこの国の悲劇のきっかけをつくった人物の一人でもあるのです。

これで「お屋敷の美しいおぼっちゃまと恋をした、貧しく清らかな家庭教師の娘」の恋物語は終わりです。それは、十九世紀のどんな小説家も思いつかなかった結末を迎えました。二十一世紀の小説家なら、これに負けない恋愛小説を作ることができるでしょうか。それとも、いつでも「事実は小説より奇なり」ということになるのでしょうか。

3　ノーベル賞を有名にしたもの

ノーベルの遺言

キュリー夫人が世界的に有名なのは、何よりもまず、彼女が女性として世界で最初にノーベル賞を獲得したからです。しかも一九〇三年に第三回物理学賞、一九一一年に第十一回化学賞と、自然科学部門で二回です。この記録に並ぶ者が出たのは、先に述べたように一九七二年になってからです。キュリー夫人の仕事が、偉業といわれるのも当然でしょう。

ところでその時代、いったいノーベル賞はどのような価値をもつ賞だったのでしょう。今日のように有名な賞だったのでしょうか。そもそもノーベル賞の目的とは何だったのでしょう。ダイナマイトの発明者アルフレッド・ノーベルの遺産で作った賞だという話はみんな知っていますが、なぜノーベルはこんな賞を作ったのでしょう。もしもノーベルにインタヴューできるなら、彼はキュリー夫人への二度の授賞を喜んだでしょうか。

最近日本では、特に自然科学部門で、たて続けにノーベル賞受賞者が出ています。政府関係者の中には、具体的な獲得数値目標を掲げる人もいます。特にオリンピックの時期には、金メダルとノーベル賞を並べるような発言をする政治家も現われます。これに対し、学識経験者の間から「金メダルとノーベル賞を一緒にするな（価値が違う）」という反発が起こったりもします。怒る気持ちもわからなくはありませんが、この二つのイベントは、ある意味でとても近しい関係にあるのです。先の政治家がそれを知っていたとは思えませんが、じつは一九〇一年から始まったノーベル賞は、一八九六年から始まった近代オリンピックと似た精神に貫かれています。

近代オリンピックの父クーベルタン男爵（一八六三―一九三七）も、ダイナマイトの発明者であるアルフレッド・ノーベル（一八三三―一八九六）も、国民国家の時代を生きた人です。つまり、最初の章に述べたような、国家間の紛争とそれに付随する悲劇とを、目の当たりにした人物です。オリンピックの五輪は世界の五大陸の象徴で、それが重なり合う様子は、世界平和の発展を願ったものなのです。国際オリンピック委員会（ＩＯＣ）の権威が高いのも、これが単なるスポーツ大会ではなく、そこに「平和」という理想を掲げているからです。ノーベル賞にも平和賞という部門があります。他の部門に比べて一見唐突ですが、これこそがノーベル賞の精神の基本です。ノーベルは遺言状に、自分自身の世界平和への願いをこめています。それを読むと、じつはノーベル賞のすべての部門が、形を変えた「平和賞」であることが理解できます。ノーベルはその遺言で受賞資格を、「前の年に人類に最大の貢献をした人たち」と規定しているのですから。

つまり、それが文学であろうが科学であろうが、ノーベル賞の対象は、人類の平和に貢献することが前提条件なのです。たとえそれが、芸術としてどれほど優れたレベルにあろうが、争いを称揚するような文学作品は決して認められません。ノーベルの言う文学賞の条件は、その作品に「高い理想をめざした」ことが認められてこそなのです。ですから他の部門でも、戦争の拡大を促進するような目的で開発されたものに対しては、絶対に賞を与えてはならないのです。これがノーベル賞の精神であり、ノーベルの願いでした。しかし言うは易く、実行は困難な目標でもあります。

格好の受賞者

ともあれ、こういう高邁な精神をもって、第一回ノーベル賞の選考はスタートしました。当然ですが、当時この賞は無名でした。どちらかというと、その賞金額の大きさによって目立っていたのです。そしてこれを世界的に有名な賞にしたのが、じつはキュリー夫人の最初の受賞だったのです。

じっさい「キュリー夫妻による放射能の発見」というこのトピックは、どこから見てもマスコミ受けするものでした。それは、第一回物理学賞のレントゲンによるX線の発見から連なる不思議な放射線の話ですし、夫妻の共同研究という点もユニークです。日本でも、博士号を持っていない会社員の田中耕一さんの化学賞受賞（二〇〇二年度）が特に話題となりましたが、ピエール・キュリーも、当時のフランスの超エリートではありません。彼は、フランスで一番格の高いエリート校であるグラン・ゼコールの出身者ではないのです（マリーは女性なので、この学校の受験資格がありません）。

反対に同時受賞のアンリ・ベクレルは、どこから見てもエリートです。キュリー夫妻は、発見の内容も、夫婦であることも、経歴も、国籍も、なにもかもがユニークです。特にユニークなのは妻の存在です。キュリー夫人はまだ若く（受賞時に三十六歳）、この発見はなんと、彼女の国家博士号取得のための研究テーマだったのですから。

しかも発見までの苦労物語は、マスコミの格好の題材でした。物理化学学校にあった、かつての医学生用の死体解剖教室だった建物を改造した実験室は、それがみすぼらしければみすぼらしいほど、話題性十分です。キュリー夫妻の質素な服装やマスコミを避ける態度もまた、かえって神秘性を高めます。記者たちはなんとしてでも夫妻、それも妻のインタヴューを取ろうとします。

加えてラジウムの不思議な性質が、さらに人々の興味をかきたてました。なによりも、当時ラジウムは癌治療に役立つと思われていたのです。じつはここが、「人類を救う」目的のノーベル賞のおめがねにかなった部分でもありました。「キュリー夫妻は、ボロ小屋で人命を救う神秘の薬を発見した」というわけです。

こうしてキュリー夫妻の名声と共に、ノーベル賞は「すごい賞金を出す賞」から「世界的に名誉ある賞」へと、その評判を変えてゆきます。特にマリーが未亡人になり、再度の受賞を果たして後は、キュリー夫人とノーベル賞のつながりは、さらに大きなものになります。マリーとノーベル賞は、ますますセットで有名になって行きました。

年を取らないともらえない？

しかしここには、後に問題化してくるノーベル賞の矛盾点というものがすでに存在していました。二度目にピエールが受賞できなかったのは、死んでしまっていたからです。死者はノーベル賞をもらえません。これが第一の問題です。たとえば二〇〇八年度の日本の受賞者四人のうち、半数は八十歳を越えています。一番若い小林誠さん（物理学賞）でも六十四歳で、ピエールが死んだ四十九歳という年齢を大きく上回っています。

二〇一二年の医学・生理学賞を受賞したとき、五十歳だった山中伸弥さんは「まだ早い」といった発言をしていました。それは研究に対してでもあったでしょうが、山中さん自身がノーベル賞を「年寄りのもらう賞」と思っていたからではないでしょうか。もしこうした科学者たちがピエールと同じ年齢で死んでいたら、誰一人賞はもらえません。そしてこの理由で賞を逃した人は、じつはたくさんいるのです。これはノーベルが思いもよらなかった事態です。というのも、もう一度彼の遺言の受賞資格の部分を見ていただければわかると思いますが、ノーベルはそこで「前の年の」貢献、つまり科学なら前年の発見や発明に、賞を与えると書いています。彼は、それが発見されて何十年も経ってから発見者に賞を与える、などという事態を想定していません。ノーベルはむしろ、若い才能の援助を念頭においていたのです。しかし現実には、その発見が本当に正しいものかどうか確定するのに、長い時間がかかることがあります。

じつはノーベル委員会は一度、このことで失敗しています。一九二六年度の医学・生理学賞を与えた発見が、二十六年後に誤りだとわかったという事件があったのです。ですから選考は慎重に行わなければなりません。それでも、八十代まで待たねばならないというのはやっかいな話です。ちなみに、先の話の続きをしますと、この賞が誤りだと分かったときには、受賞者も当時の最終候補も、みんな故人でした。ですから、キュリー夫人はきっと、ノーベルにとって理想の受賞者だったと思います。彼女こそ「学問には国境も、性も関係ない」ことの見本のような存在ですし、まだ若く、賞金を今後の研究に生かせるだけの時間が十分あるからです。しかし現実には、このような受賞者は稀です。賞金はたいてい、「第二の退職金」になってしまいます。

国と国との競争

二つ目の問題は、最初にあげた日本の政府関係者の言葉からわかるように、ノーベル賞もオリンピックも、それが共に世界平和を目的にしていながら、国家間の競争の場になっているということです。要するに「世界の平和」を訴えなければならないという状況は、それが存在していないということの表明にほかなりません。これらの賞は結局のところ、国家あってのものです。オリンピックに特に明らかですが、このところの紛争と独立の中で、同じ選手が違う国旗の下に行進するのを見ていると、国とはなんだろうと思うことしきりです。キュリー夫人の受賞はまさに、国民国家のこの微妙な状況を象徴しています。どちらのメダルも（団体戦であっても）、表面上は「個人」がもらうものですが、純粋に個人のものとも言いきれません。そこが、これらの賞の難しいところなのです。

一九〇三年度の授賞式で、スウェーデン科学アカデミー総裁は、キュリー夫妻を「和合は力である」ことの見本と称えました。しかしランジュヴァン事件を見れば明らかですが、フランスは都合のいいときはマリーをフランス人とし、都合が悪くなると「外国人」にするのです。いつもいつもフランスとポーランドが「融和」しているわけではありません。ですから日本政府が「ノーベル賞を取れ」と国民を煽るなら、やはりノーベル賞は単に個人的な賞ではないのです。二〇〇八年度の物理学賞受賞の南部陽一郎さんや、二〇一四年度の、やはり物理学賞受賞の中村修二さんは、アメリカ国籍を取得した「元」日本人で、アメリカでは「アメリカ人の受賞」と言われています。しかし日本では、みんな「日本人が賞を取った」ものとしてカウントしています。建て前と本音はなかなか一致しません。

科学者たちの縄張り争い

第三点は縄張り争いの問題です。キュリー夫人の物理学賞の受賞理由は「放射能の発見」であり、化学賞の受賞理由は「ラジウムとポロニウムの発見」です。いったいこれは二つに分けるべきことなのでしょうか。もちろんそこには、ピエールの死後に達成された、単体の金属ラジウムの生成というすぐれた科学的成果も含まれていました。しかし当初の研究のつづきといえばつづきです。これは当時から問題視されていたことでした。たしかに放射能現象は物理現象です。それはマリーが最初に見抜いたとおり、化学変化ではなく物理変化なのです。しかしラジウムやポロニウムは新元素ですから、新しい元素を発見し、それを単離して原子量を決定するという作業は、化学の領域です。だから違うといえば違います。けれども同じ作業の中から出てきた二つの話ではあります。特に二度目のノーベル賞が、先に述べたようにランジュヴァン事件の最中だっただけに、この時の化学賞をもらいそこなった（と思っていた）化学者は、悔しい思いをしたと思います。

ノーベル委員会の化学者の間では、最初の時から、特にラジウムのことは化学賞のために取っておいてくれという話が出ていたと言われています。それに物理学賞は、ウランの放射能を発見したベクレルとの共同受賞ですから、ラジウムだけに注目しているわけではないのです。これはむしろ、この章の最初で述べたように、第一回のレントゲンによるX線の発見に連なる一連の話であって、新元素とは直接関係がありません。

でも、やっぱり考えてしまいます。めったに取れない賞なんだから、できるだけ違った発見に、ひいてはできるだけたくさんの人にあげたほうがいいのではないか、と。キュリー夫人の仕事が素晴らしいということに、疑う余地はありません。ただ、この発見がどの分野に属するかで、科学者たちが縄張り争いをしたことは事実です。やはり科学も人間の営みなのです。

悪用された成果

第四点は、第一章の最後のピエール・キュリーのノーベル賞講演の話で紹介しましたが、受賞対象となった発見の利用のされ方についてです。ピエールは放射能の破壊力について危惧していました。

だからこそノーベルの発明同様、それを悪用しないよう訴えたのです。でもやっぱり悪用されてしまいました。特に娘夫婦の人工放射能の発見、つまり第三十五回化学賞の成果は注目されて、たちまち核分裂の発見から連鎖反応の技術へと行き着き、原子爆弾となってヒロシマとナガサキは灰燼に帰しました。そのあとの核兵器の開発の歴史については言うまでもないでしょう。核実験のために南の島が汚染され、戦争でもないのに被曝する人たちまで生み出しました。

兵器に限りません。第四十八回医学・生理学賞のＤＤＴの発見なども、最初は福音だったのです。しかし恐るべき環境破壊の原因物質であることが、後にわかりました。どうしようもないといえばどうしようもない話ですが、ノーベル賞はどこまでもダイナマイトの影を引きずっているのか、と因縁めいた印象を持ってしまいます。

科学史・科学論研究者の村上陽一郎は『科学者とは何か』（新潮社、一九九四年）という本の中で、「ノーベル賞はその任務を終えた」と言っています。ノーベルが死んで百年以上経った今、彼の遺言の意味について、改めて考えてみる価値はあると思います。

4　墓はなぜ移されたか

パンテオンに眠る最初の女性

一九九五年、ミッテラン大統領（当時）の肝煎りで、フランス政府はキュリー夫妻の遺体を、祖国の偉人を葬る非宗教墓所であるパンテオンに埋葬することを決定します。こうしてキュリー夫人は、ヴォルテールやユゴーと並ぶ偉人と規定され、「自らの業績において」（式典における大統領の言葉）パンテオンに眠る女性第一号となりました。同時に政府は、夫妻の肖像を五〇〇フラン札の絵柄に決定します。今はみんなユーロになってしまいましたが、フランスではユーロ導入直前まで、日本では一万円札に当たるもっとも高額のお札に、夫妻の肖像が載っていたのです。短い間でしたが、とてもきれいな絵柄のお札だったのを、私はよく覚えています。

しかし、キュリー夫妻を讃えるこの一連の政府の動きの意図は、何だったのでしょうか。そしてまたこうしたことは、夫妻の気持ちを尊重する行為なのでしょうか。そもそも政府がこの決定をするまで、夫妻はどこに埋葬されていたのでしょう。

先にも少し述べましたが、エーヴは母の伝記で、埋葬の場面を次のように描いています。この本でもっとも感動的な場面のひとつです。

一九三四年七月六日金曜日の正午、弔辞も行列もなく、政治家も公職の重要人物も出席することなく、キュリー夫人はつつましやかに、死者たちが眠る住まいの自分の場所へ、入っていった。近親者と友人たちと、彼女を愛した研究者たちが見守るなか、彼女はソーの墓地に、埋葬されたのだ。棺は、ピエール・キュリーの棺の上に、安置された。ブローニャとユゼフ・スクウォドフスキが、墓穴にひと握りのポーランドの土をまいた。墓石には、新たな名前がきざまれた。

〈マリー・キュリー＝スクウォドフスカ　一八六七年―一九三四年〉

（『伝記』、五二七頁）

ソーというのはパリ郊外の町で、現在では豪邸の立ち並ぶ高級住宅地ですが、夫妻の生前は牧歌的なところで、今でも自然豊かな場所です。ここはもともと、ピエール・キュリーが両親と住んでいたところで、その関係でマリーもソーに居を構えることになったのです。キュリー夫妻が自然を愛し、ガーデニングに熱心だったのは有名な話です。マリーは夫と共に、そして未亡人となってからは一人で、あるいは友人や娘たちと一緒に、自然の散策や庭木の世話を楽しみました。

墓を移す

父親のウージェーヌ・キュリーから見ると、ピエールは逆縁《ぎゃくえん》になってしまったので、キュリー家の人々の埋葬のされ方は独特のものになります。まず一八九七年にピエールの母がソーの墓地に埋葬され、一九〇六年にピエールの棺がその上に置かれます。ところが一九一〇年にウージェーヌが死んだとき、マリーはピエールの棺をいったん引き上げ、ウージェーヌのそれの上に置くよう墓掘人夫に頼みます。つまりその日がきたら、自分の棺を夫の上に置きたいというのが、彼女の願いでした。この願いは先に見たように、娘たちによってかなえられます。

はじめにも書きましたが、ポーランドから駆けつけた姉と兄の手向《たむ》けである祖国の土に守られて、マリーの棺はピエールの棺の上に厳《おごそ》かに降ろされたのです。広々とした美しいソーの自然が、二組のキュリー夫婦を包み込んでいました。ソーには、長女のイレーヌとその夫フレデリックの家もあったので、家族にとってはお墓参りも簡単でした。ソーに眠ることはまさにキュリー夫人の願いでしたし、静けさと自然を愛した夫妻にふさわしい場所だったと思います。

いったいこんなふうに静かに眠っている人々の遺体を、当時存命だったエーヴをはじめとする遺族の承認を得たにしても、なぜわざわざパリの街なかの、石だけしかないパンテオンに葬るのでしょう。しかも、ミッテランは当初、「マリー・キュリーの亡骸《なきがら》だけ」を、パンテオンに葬るつもりだったのです。それを遺族たちが「ふたりは引き離せない」として、「夫妻」に変えさせたのでした。この時は大統領に返事をする前に、イレーヌの子供たちとアメリカにいるエーヴとの間で、長い長い電話会議が開かれたそうです。これほどの大さわぎを引き起こすパンテオンとは何なのでしょう。

ここはもともとは、パリの守護聖人聖ジュヌヴィエーヴに捧げられるはずだった建物、つまりカトリックの教会堂として計画されました。建設が開始されたのは一七五五年、ルイ十五世の時代ですが、完成したのはフランス革命の真っ只中、一七九二年です。敬虔なルイ十六世にはもはや何の力もなく、革命政府はその前年に、ここをフランスの偉人を守る「非宗教的な」墓所にすることを決定します。最初に埋葬されたのは、フランス革命の精神的支柱であるヴォルテールとルソーの遺体でした。ナポレオン一世と三世の時代に一時、教会堂として使用されたこともありますが、一八八五年以降現代に至るまで、革命時代と同様、非宗教的な偉人の墓所となっています。つまりパンテオンはフランス人にとって、フランス革命の精神である自由、平等、友愛の象徴であり、民主主義はここフランスに始まったのだという国民的自負を、内外に示す場所でもあるのです。

フランスの自負

ミッテランがどこまで自覚的だったかは別として、一般的には、フランスにとってキュリー夫妻の「偉大さ」というものは、じつは彼らの娘夫婦の発見にも大きく負っています。まずキュリー夫妻の発見したラジウムですが、先にも述べましたが、当時この発見は単なる新元素の発見にとどまらず、癌治療のための大発見として注目されました。だからラジウム研究所には当初から現在まで、医学部門が付属しているのです。つまりこの発見は純粋科学的に意義があるだけでなく、「役に立つ」発見とも見なされていたのです。

イレーヌとフレデリックのジョリオ＝キュリー夫妻による人工放射能の発見は、それにも勝る「役に立つ」発見と考えられました。一九三〇年代から四〇年代に欧米で多くの科学者がしのぎを削り、ここから得られる新しいエネルギーに着目します。くり返しになりますが、これが結果としてアメリカのマンハッタン計画（原子爆弾製造計画）につながり、ヒロシマとナガサキに地獄をもたらしたことは、世界中の人々、特に私たち日本人にとって忘れられないできごとです。もちろんイレーヌもフレデリックも、こういう可能性について無知だったわけではありません。だからこそ彼らは、ナチスから何が何でも自分たちの成果を守ろうとして、第二次大戦中に命がけでこれを隠蔽します。その間中フレデリックは、ずっと心に誓っていました。戦争が終わったら、原子力の平和利用の可能性を開いてみせるのだ、と。

こうして一九四八年にパリ郊外のシャチヨンというところに作られたのが、フランス最初の原子炉ゾエです。フレデリックは共産党員の科学者として、原子力の平和利用のためのキャンペーンを張ります。しかしその政治的立場のために、途中で原子力委員会の委員長職を失います。

他方でフランス国家とその国民は、ベクレルとキュリー夫妻からはじまった放射能研究の歴史を誇り、放射能の本当の専門家はアメリカ人ではなく、自分たちフランス人なのだ（こういう時には、フランス人の頭の中でマリーはポーランド人ではなく、フランス人です）という強い意識を持ち続けます。その証拠に、世界で一番原子力発電への依存度が高いのはフランスですし、日本の放射性廃棄物の処理にも、フランスの力が欠かせません。公式発表を見る限り、フランスでは原子力発電関係の事故率も大変低く（二〇〇八年七月に事故がありましたが）、彼らが積極的に原子力発電を擁護するのも、理解できなくはありません。

原子力政策とのつながり

じつに夫妻の遺体をパンテオンに葬りなおした一九九五年という年は、レントゲンによるX線発見から百年です。この頃から、ラジウム発見百年の一九九八年あたりまで、フランス各地でキュリー夫妻にちなんだ展覧会やシンポジウムが催されました。そこでは、かならず最後に原子力発電の話が出てきます。二〇〇六年にフランスで出版されたキュリー夫人の伝記『マリー・キュリー』（J・P・ポワリエ著）の副題も「原子の征服」であり、原子力の話にかなりのページが費やされています。これらのことから考えても、キュリー夫妻の遺体のパンテオンへの移葬という行為は、マリーのみを動かそうとした当初は、女性の地位向上を目指していたのでしょうが、「夫妻」の移葬となることによって、他の行事とも相まって、結果として、フランスの原子力政策とも深いつながりを持つことになりました。

ピエールの葬儀の時はマリーの意思で、マリーの葬儀の時は娘たちの意思で、夫妻はともに二人が愛した自然の中で、つつましく葬られました。現在この夫妻はパリの真ん中で、立派ではありますが固く冷たい石に囲まれて眠っています。彼らは祖国の英雄です。しかしどうやら英雄には、墓を選ぶ権利もないようです。好むと好まざるとにかかわらず、彼らはいろいろな人や組織によって利用され、ある種のイコン（表象）となるのです。

そう言えばフランスにはもう一人、イコンになっている有名な女性がいます。かの救国の乙女ジャンヌ・ダルクです。イギリスとの百年戦争でフランスを勝利に導いたにもかかわらず、政治的思惑の中で祖国に見すてられ、結局は火あぶりにされたこの少女は、なぜか国家主義が出てくる時に、より強く思い出されるようです。マリーとジャンヌという、自分が生まれた祖国を愛して戦った二人の女性たちは、自分のイメージをお札にしたり、組織のマークにしたりするこうした人々のことを、なんと思うでしょう。答えが聞けたら面白いと思いませんか。

5　誤解された夫婦の役割

「理性的な男／感情的な女」というステレオタイプ

「彼は、彼女が精神的に自分と同属であることをはっきりとわきまえていた。両者には共に真実と自然さがあった。ただ、彼女は彼自身よりナイーヴで直感的であり、彼の自然さはきわめて厳しい熟慮から生まれてきたものだった。」

これはマリーとピエールについて書かれた文章ではありません。二人より半世紀ほど前に活躍した男女の芸術家を比較した文章を、その職業がわからないように変形したものです。男性はデンマークの作家で詩人のアンデルセン、女性はアンデルセンがその才能をいち早く認めたスウェーデンの歌姫イェニー・リンドです。一八四〇年代に出会ったこの二人の芸術家は、その時すでに当時の規範を打ち破る新しい表現形式を打ち出し、賞賛と批判の両方を浴びながらも、己の才能を信じ、自分たちの生涯を芸術に捧げることを誓っていました。二人はカップルにはなりませんでしたが、その生涯の最期まで互いの芸術に尊敬の念を抱き合い、パイオニアだけが持つ苦悩と喜びを分かち合ったと言われています。

ここで問題にしたいのは、もちろん芸術の部分ではありません。こうした、才能ある男女を比較する際に用いられる表現方法についてです。右のように職業がわかる部分を削ってしまうと、私たちはこの手の表現の恐るべき類似点に気がつきます。つまり、「理性的な男性と直感的（感情的）な女性」というステレオタイプです。この手の言い方はどこででも使えますし、じっさい長きにわたっていろいろな男女に、等しく適用されてきたのです。

ここで少し考えてみましょう。たしかにアンデルセン童話の持つ自然さは、じつは緻密な思考の上に何度も推敲された文章が生み出したものであることは、残された草稿を研究した者の一致した意見です。しかしそのことが、リンドの歌が直感的であることの理由になるのでしょうか。それはむしろ、アンデルセン本人をはじめとする男性たちの、いかにも自然で飾り気のない美しさを持っていたリンドに対する、「直感的であってほしい」という願望であり、自分たち「理性的な」男性を補完する役割としての「情緒的な」女性という、十八世紀以来の博物学理論を踏襲した決まり文句なのではないか、という気がしてなりません。つまりその背景にある思想とは、子供を産む性である女性は、男性より自然に近い存在であり、難解な思考には生物学的に向いていない、というお定まりの理論です。

「頭脳はピエール、肉体労働はマリー」ではない

マリーとピエールに対しても、このステレオタイプがささやかれます。曰く「〈アタマ＝理論〉はピエール、〈からだ＝実験〉はマリー」というものです。しかもこういうささやきは、印刷に付された論文などというアカデミックなものよりも、ちょっとした記事、学会のパーティでの会話、学校で先生が生徒にする話などという、それを阻止するのが非常に難しく、なおかつ侮れない力を持っている伝達方法で広められます。さらにアンデルセンとリンドのケースで見られるように、他の男女の組み合わせでも類似の評価がなされますから、ますますその説が信憑性のあるもののように見えてきます。これは、いくら叩いても出てくるモグラ叩きのようなしぶといささやきなのです。

ピエールは、中世に生まれたら修道僧になっただろうと言われたほど、物静かで引っ込み思案な性格だったこともあり、実際以上に思索型の科学者だと思われがちですが、じつは実験技術にも長《た》けた人物でした。自分で器具を作るのも大好きでした。マリーも実験の達人でしたが、けっして彼女に引けを取らない腕を持っていたのです。

しかも純粋ラジウムを取り出す作業に必要だったのは、細かい手作業だけではありません。まさに土方仕事と言ってよいほどの肉体作業も必要とされました。キュリー夫妻は共に、この重労働をこなしたのです。その点では、ラジウムの発見というのは、アインシュタインの相対性理論の発見などとは全然違うタイプのものです。しかし研究計画については、それは当然ですが科学理論が導き出したものです。いったい夫妻はどういう経緯で、放射性の新元素の発見に至ったのでしょう。

先にも述べましたが、マリーとピエールが一八九五年に結婚したとき、ピエールは物理化学学校の教授で、マリーはソルボンヌ大学を卒業した理学士でした。生活のためにマリーは翌年、中等教員選抜試験を受け、トップの成績で合格します。しかしこれを実際に生かして、セーブル女子高等師範学校の物理学教師になるのは、四年後のことです。なによりもまず、マリーには、物理学の国家博士号取得のためのテーマを決めるという、大事な仕事がありました。

ちなみにピエールは、マリーの薦め（というかむしろ叱咤激励）で、結婚の直前に「種々の温度における物体の磁性的性質」というテーマで、国家博士の資格を取得しています。なんと彼は、すでに科学者として国際的に認められていながら、その年まで博士号を取っていなかったのです。いかにも資格や地位にこだわらないピエールらしい態度です。しかし被占領国出身の女性であるマリーは、そんな悠長なことは言っていられません。彼女はなんとしても、公的に認められる資格を取る必要がありました。

ウラン放射線と出会う

ただし、ここで一つだけ付け加えておくと、この時代の「国家博士号」というのは、今の日本やフランスで出す博士号とはわけが違います。それは登竜門というより到達地点のようなもので、非常に敷居の高い資格です。これを取得した者は、もはや科学者の卵ではなく、一級の科学者として認められます。だからこそマリーは、誰よりもこれが欲しかったのです。そんなときに彼女の目を引いたのが、最近ベクレルが発見したウランの放射線という現象でした。

これは不思議な現象でした。ウラン化合物はひとりでに、X線によく似た放射線を出しているのです。ちなみにX線は、放電管の電極やガラス壁に陰極線が当たってはじめて放射されます。つまり装置が必要なのです。しかしウランは中から勝手にエネルギーが放射され、おまけに質量の減少も観測できません。しかもエネルギーの強さも一定で、強度はただその物質に含まれるウランの量だけに比例します。熱を加えても電場をかけても、何の変化もないのです。ベクレルはこれを、ウラン元素固有の性質と考えました。しかしこれでは、当時絶対的真理だと考えられていたエネルギー保存則に反してしまいます。科学者たちはこの現象に興味を抱き、マリーだけでなく他の研究者も、ウラン以外にもこうした性質を持つ物質が存在するのではないかと、類似の実験を開始しました。

ここでマリーが目をつけたのが、ウランを含むピッチブレンドという鉱物（瀝青ウラン鉱）でした。というのもピッチブレンドからは、そこに含まれているウランから計算するよりもはるかに強い放射線が出ていたからです。マリーは自分の発見に驚きます。じつはこの時点まで、ピエールはどちらかというとマリーの助言者であり、主たる研究者はあくまでマリーでした。彼には昔から取り組んでいる、結晶の成長についての研究がありました。ただ、マリーはピエールの職場である物理化学学校の実験室で研究していたので、彼は妻の研究について完全に理解していました。

ちなみにマリーはこのとき、学校のお情けで実験室を使わせてもらっていただけで、給与のあるポストに就いていたわけではありません。だからこそ、増えた家族（一八九七年に長女イレーヌ誕生）

の出費のこともあり、一九〇〇年からは実験室も何もない女子高校に勤めることにしたのです。

徹底した定量実験

ともあれ、マリーはこの現象の背後にある科学的なメカニズムについて、思考をめぐらせます。彼女はピッチブレンドに注目する前に、すでにウランやトリウムをはじめとする既知の元素の放射線について調べていました。そこであらためて確認したのは、ウラン化合物もトリウム化合物も、そこから出る放射線の強度は、それが含むウランとトリウムの含有量にのみ比例し、いかなる外的状況にも関係しないということでした。彼女はここから、このことがそれぞれの元素の原子的性質であると断定します。先のベクレルの結論と同じではないかと思われるかもしれませんが、少し違うのです。

ベクレルはウラン「固有の」とは言いましたが、「原子的性質」とまでは断言しませんでした。マリーにここまで踏みこんだ判断をさせたのは、それがこの研究には絶対に必要であるという科学者としての確信から彼女が行った、徹底的な定量的実験の結果でした。放射能に興味を持つ科学者は他にもいましたが、これほど細かい定量的実験をした者はマリーだけでした。たとえば第一発見者のベクレルさえも、写真乾板の現像といった、どちらかというと定性的方法に頼っており、厳密な数値化からはほど遠い状況でした。

この定量実験には、ピエールの若い頃の研究が役に立ちました。彼が兄のジャックと二人で発見した、ごくごく微量の電流の測定が可能なピエゾ電気による補償法を利用して、マリーはピッチブレンドからの放射線がウランより強いことを、確実に数値化することができたのです。これは驚くべき手先の器用さを必要とする作業で、最近のキュリー夫人の伝記によると、現在この作業ができる科学者は、ラジウム研究所には一人もいないそうです。

さらに彼女が徹底していたのは、この時すでに既知の元素をすべて測定していたことです。彼女は自分の実験結果に絶対の自信がありました。となると、ピッチブレンドに含まれているのは未知の元素ということになります。これは、放射能が原子の物理的性質であるということを確信していなければ、出てこない結論です。これこそ後にキュリー夫妻だけが、ラジウムやポロニウムを発見することができた一番の理由です。他の科学者は、放射能が原子的性質であるということに、ここまで強い確信を持っていませんでした。マリーはこうして放射能に関する基本的な性質だけでなく、新しい元素まで発見したのです。ちなみに「放射能」というのは、この現象および物質についてマリーが作った造語で、一八九八年十二月の論文で初めて使用されました。

この過程には、厳密な論理に導かれた思考だけが到達できる「直観」が存在します。こうした「啓示」はやみくもに降ってくるわけではなく、その分野の知識をきわめ、さらにそこにも未知のものがあり得るのだという謙虚さを併せ持ったときにだけ、降ってくる代物です。新元素の発見に立ち会ったという、信じられない結論に達したマリーを見ていたピエールもまた、科学者としてこの現象に魅了されてしまいました。彼は自分の研究を一時中断して、本格的に放射能の研究に取り組むことを決断します。ここに、キュリー夫妻の完全な協力体制が築かれたのでした。

というのも、先の結論は理論的には正しかったのですが、まだ完成には至りません。それを他の科学者に認めさせるには、もっと確実な証拠、つまりその新元素をピッチブレンドから単離して原子量を測ること、要するにまとまった量の新元素を取り出す作業が必要でした。ピエールは、これに二人で挑戦しようとしたのです。しかしそれは、じつのところ今までの行程にもまして気が遠くなるような作業でした。

新元素を取り出す

後にイレーヌが、「自分だったらあんな忍耐の要る作業はとてもできない。あれに挑んだのは母だからこそで、父だけだったらありえない」といった趣旨の感想をもらしています。こうした発言からも、キュリー夫人と忍耐強さや肉体労働が、ことさら結び付けられてきたのですが、しかしここに至ったそもそものきっかけは、先に見たマリー自身の緻密かつ大胆な科学的推論なのです。

マリーとピエールはピッチブレンドに二種類の新しい元素、ポロニウムとラジウムがあることをつきとめましたが、同時にこれらはウランとは比べ物にならないくらい強い放射能を持つこと、しかも鉱物の中の放射性物質の含有量はきわめて少ない、ということにも気がつきました。

実験の完成には大量のピッチブレンドと広い実験室が必要です。今使わせてもらっている実験室の片隅ではとても無理です。二人は物理化学学校の校長に頼み込み、昔の医学部の死体解剖教室だったボロ小屋を修理して、実験室に改造します。そして鉱物のほうはオーストリア政府から格安で譲ってもらい、実験を開始します。ここでマリーにとって少しだけ残念なことは、最初に発見し、喜びいさんで祖国の名をつけたポロニウムのほうが、ラジウムより分離が難しかったことです。今でもラジウムのほうが有名ですが、それは彼女たちが、まずラジウムの抽出作業から研究をはじめたことにも関係しています。

さて、ピッチブレンド中のラジウムの含有量は、どのくらいだったのでしょう。なんと一トンの鉱石から取れるラジウムはやっと〇・一グラムほど、つまり百万分の一しか存在しないという結論でした。感覚的に表現するなら、オリンピックの公式プール（五〇×二五×二メートル）いっぱいにピッチブレンドをつめたとして、その中のラジウムはスプーン一杯ほどです。したがって研究の前半は、マリーのことばを借りれば「多いときには、わたしは一度に二十キロもの鉱石を処理するようになった。おかげで倉庫のなかは、沈澱物や液体でいっぱいの大きなつぼだらけになった。入れ物をはこんだり、液体をつぎかえたり、鋳物の大なべで沸とうしている原料を、何時間もかき混ぜたりするのは、疲労困ぱいする仕事だった」（『伝記』、二四五頁）といった、単調かつきつい肉体労働が必要とされました。

やはりマリー一人では、とても耐えられなかったと思います。二人で協力してこそ、この期間を乗り切ることができたのでしょう。さいわい数年後に助手をつけてもらい、夫妻は少しだけ体を休められるようになりました。しかし決して助手任せにすることはなく、二人は協力して、大きな作業も緻密な作業もやり遂げたのです。

特に気を使ったのは分別結晶法という、バリウムと結合していたラジウムを最終的に取り出す作業でした。ごく微量の物質を扱うこの作業は、少しの風やほこりにも用心しなければならない、気が遠くなるようなもので、ピエールは怖じ気づいたようですが、マリーはラジウムの原子量の決定に執念を燃やしており、決してひるみませんでした。

一九〇二年七月に、マリーは、ラジウムの塩化物一デシグラム（一グラムの十分の一）の単離に成功したと発表します。彼女はその原子番号を88、質量数を225（現在は226）とし、メンデレーエフの周期表ではバリウムのあとに位置する新元素であると述べています。こうして「放射性物質に関する研究」により、マリーは一九〇三年六月に、ソルボンヌ大学の国家博士号を取得します。近代大学制度におけるフランス初の女性理学博士が誕生したのでした。

賞賛の裏側

ここでもう一度おさらいしておくと、自然放射性物質（自然放射能とも言う）の発見者はベクレルですが、放射性の新元素（ラジウムとポロニウム）を発見し、その原子番号、質量数を明確にした点において、キュリー夫妻の研究は画期的なものと言うことができるのです。

じつはここで述べた、ラジウムとポロニウムの発見におけるマリー独自の功績とは何かという問題については、マリー自身が、専門家以外にもわかるかたちで発表しています。それは一九一一年度のノーベル化学賞授賞式での、彼女の講演です。これは一九〇三年度のピエールの講演よりもはるかに長く、どこまでが他の人の貢献で、どこまでが自分の貢献かということが、異常とも言える細かさで説明されています。

とくに出だしのところで、ウラン以外の物質にもウランと類似の放射能現象が確認できることを発見し、その研究をはじめたのは「まず私で、それからピエール・キュリーと私によって行われました」とマリーが明言しているのは、非常に印象的です。ここには亡き夫に対する尊敬と愛情が満ち溢れていますが、同時にマリーの、「自分は創造的科学者である」という自負がはっきりと見て取れます。逆に言えば、ここまで細かくそのことを説明しなければならない状況こそが、周囲の人々が彼女をどう見ていたのかを、雄弁に物語っています。マリーは、自分のアタマとカラダの両方の功績を明瞭にするために、自ら筆を執ったのです。

そもそも、ラジウムの発見物語においてボロ小屋と忍耐が賞賛されたことに対しては、ピエールもまた当初から強く反発していました。夫妻は好きでボロ小屋で実験していたわけではありません。マリーはその生涯の最後まで、「あの時もっとちゃんとした実験室を与えられて、最初から助手もつけてもらえたなら、あの半分以下の時間でラジウムを単離できただろう」という趣旨のことを主張し続けました。

たしかに晩年のマリーは、研究費獲得のためマスコミ向けに、自分たち夫婦のかつての窮状を誇張して語ったきらいはあります。しかしその意図は、純粋科学研究は貧困な状況に置かれてもかまわないといった、世間の認識に対する異議申し立てであり、科学研究者の環境の整備と地位向上を願ってのことでした。マリーは、ピエールが設備の整った研究所を望み続けながら、その完成を待たずに世を去ったことが一生忘れられませんでした。その対象が純粋科学であれ、女性研究者に対してであれ、そこで「忍耐」だけが特別に賞賛されるなら、その裏にある賞賛者の本音は、「そこに金をつぎ込む必要はない」というものです。私たちは、こうした賞賛には批判以上に注意する必要があるのです。

原子の意味を変える

ともあれ、こうして発見された放射能は、後に原子そのものの概念を変える研究へとつながってゆきます。そもそも原子という言葉は英語ではatom（アトム）ですが、これはもともとギリシャ語起源の言葉で、「分割不可」つまり分けることのできない究極の要素、という意味を持っていました。ですから西洋世界では長い間、原子と言ったときには、これの存在に賛成する者も反対する者も、それを内部構造を持たない不可分の存在だと思っていました。マリーとピエールの研究は、この概念にくさびを打ち込んだのです。ここから原子は、その語源を離れた意味をもちはじめます。

キュリー夫妻がノーベル賞を獲る以前から、夫妻の研究が原子の意味を変えることに気づいた科学者たちがいました。彼らは放射線の正体を見極めようとします。結局、放射能現象によってはエネルギー保存則は破られていませんでした。放射線とは原子内部から放出される三種の線（アルファ線、ベータ線、ガンマ線――後に中性子線も発見される）であり、これらを原子の内部から放出しながら、最終的にその原子は別の原子へと転換するのだということがわかったのです。この、原子の転換という発見に大きく貢献したのは、後にマリーと親しい友人になるラザフォード（一八七一―一九三七）と、同僚のソディ（一八七七―一九五六）でした。こうしてatomはその語源を離れ、現在の意味を持つようになっていったのです。

私たちはここでも、平凡な真実に立ち返るべきでしょう。つまり、偉業をなしとげるためには、それが芸術であろうと科学であろうと、熟慮と直観、理性と感性といった、正反対に見える要素が共に必要だということに。マリーもピエールも、その両方を具えていました。

6　二つの祖国のために

マリー、戦場を駆ける

十八台のミニトラックが戦場のあちこちにやってくると、兵士たちがうれしそうに叫びます。「プティット・キュリー（小さなキュリー）だ！」。これはX線装置を積んだ医療用トラックで、負傷兵の体を診察し、体内に入った弾丸や破片の位置を確認して、正確に手術できるようにするために編成された部隊でもありました。これができるまでは、恐ろしく野蛮な話ですが、軍医は適当に見当をつけて負傷兵の体にメスを入れていたのです。

一九一四年六月、サラエヴォの町で、セルビア人国粋主義者の撃った二発の弾丸が、オーストリア皇太子夫妻の体を貫きます。第一次大戦の勃発でした。フランスは、イギリス、ロシアと同盟を結んで戦いに参加します。ラジウム研究所でも、若い男性科学者たちが続々と前線に出発して行きました。しかもマリーの母国ポーランドは、たちまちフランスの敵国ドイツに占領されてしまったのです。

戦争勃発時がちょうど夏休みだったため、貸別荘のあるブルターニュ地方のラルクエストにいたイレーヌとエーヴに対して、マリーはそこに留まるよう指示します。彼女もすぐに、娘たちと合流する手はずでした。しかし戦況の悪化がそれを許さなくなります。愛国心に燃えるイレーヌは、母からも情報からも切り離された田舎の別荘で、小学生の妹エーヴの面倒を見るだけの日々に耐えられません。彼女はこの時、高校を卒業して大学入学資格試験に受かったばかりの十六歳でした。イレーヌは別荘から切々と母に訴えかけ、自分もまた一人のフランス人として、この戦争に協力したいと書き送ります。

というのも、マリーはこの年の秋から前線にレントゲン車を送ることを軍に提案し、自ら先頭に立ってこれを指揮していたからです。なんと彼女はそのために、五十歳近くになってから運転免許を取ったのです。マリーは第二の祖国フランスの勝利を願い、積極的に戦争協力を申し出たのでした。さらにこの戦争には、母国ポーランドの独立もかかっていました。なぜなら、このときポーランドをドイツに取られたロシア帝国は、勝利のあかつきにはポーランドを独立させると宣言していたからです。これが実現すれば、民族の悲願がかなうのです。マリーは二つの祖国のために、科学者としての自分の力を使いたいと思いました。

X線はマリーの専門ではありませんが、その仕組みはよくわかっています。これを前線で使えるようにすれば、兵士たちの体に入った弾丸や破片の位置を正確に把握でき、無駄な出血や苦痛を極力抑えることができます。当然傷の回復も早くなるでしょう。マリーは二度のノーベル賞受賞者であり、

つのります。フランス唯一の女性大学教授という自分の名声を利用し、軍や企業や婦人団体に働きかけ、協力者を

戦争と女の関係

じつは戦争は、女性の社会進出を推進する大きな機会でもあります。多くの男性が戦場に出ると、国内の働き手が減るので、国は女性が家庭の外に出て、いなくなった男性の代わりをすることを奨励します。ここに戦争と女性の社会進出に関する、ねじれた関係が見てとれます。このときだけでなく、第二次大戦時の欧米や日本で、軍隊に取られた男たちの代わりに、多くの女たちが彼らの仕事を肩代わりし、家の外に出てその務めを立派に果たしたことは、いまだ忘れ去られてはいないでしょう。

そのとき政府は、それまでの態度とは打って変わって「家庭の外に出て働くことが女性の務め」と、公的な保育施設の増設に熱心に取り組みます。子育てに専念せずに、「外で働く女」の方が「女として立派な女」、つまり「女らしい女」というわけです。奇妙に聞こえるかもしれませんが、この時期に「子育てに専念したい」という女は、世間から「わがまま」のレッテルを貼られ、利他的でない女、つまり「女らしくない女」として批判されたのです。

ともあれ、社会に出たい女にとっては、こうした公的な支援は、自分たちの実力を発揮できる頼もしい後ろ盾でした。しかしそれを促進したのは、「男の専売特許」と見なされていた「戦争」でした。「平和」は女を家に閉じ込め、「戦争や革命」は女を解放するというわけです。けれどもこれは、しょ

せん同じコインの表と裏にすぎません。なぜなら女による「平時の隠棲」も「戦時の活躍」も、男たちに協力し、決して彼らの脅威にならない「安全な」行為だからです。

こうした理由から、マリーの提案は多くの女性たちの心をとらえました。それに、なんと言ってもX線車の役目は戦うことではなく、負傷者を救うことです。じっさいこのとき、非常に多くの「愛国心あふれる」女性たちが、病院関係の仕事に携わりました。女性たちはこの、女らしくかつ国の役に立つという、精神的に「安全な」事業に参加したいと、マリーのもとに駆けつけました。ただしこれは、肉体的に安全な仕事だったわけではありません。

レントゲン車で働きたいという女性たちのために、マリーは自分が所長である、できて間がないラジウム研究所に即席の学校を作り、彼女たちに科学や医学の初歩を教えます。マリーは、上流階級から下層階級までが混じりあっていたこの「愛国的」女性集団をみごとに組織し、有能な女性レントゲン技師を大量速成したのでした。

一方イレーヌは、ついに母を説得してパリに戻り、母と共に「科学の教師」として彼女たちを教え、自身も前線を駆け回って負傷兵のために尽くします。このときからイレーヌは、マリーにとってかけがえのない「同僚」となります。彼女たちを乗せたこの車は、最初にも書きましたが「プティット・キュリー」と呼ばれ、多くの兵士たちに安心を与えるものとなりました。マリーは後にこのときの経験をもとに、純粋科学が人類の役に立つ例を示すものとして、『放射線医学と戦争』（一九二一）という著作を出版しています。

こうして、四年の長きにわたった第一次大戦が終わり、フランスが勝利したとき、マリーのこの「愛国的」働きは、もう一つの利益をキュリー家にもたらしました。ランジュヴァン事件のことが、ほぼ世間から忘れられたのです。いまやキュリー夫人はそのイメージを完全に回復し、第二の祖国フランスの英雄に返り咲いた、いえ、前よりもいっそう輝かしい存在になりました。しかも彼女は、ノーベル化学賞の賞金で戦時公債を多量に買っていたのですが、それが紙切れになるという「名誉の負傷」すら負っていました。イレーヌもエーヴも、フランス市民として皆に誇れる母を取り戻したのです。それだけではありません。イレーヌ自身もこのときの働きにより、フランス政府から勲章をもらっているのです。兵士を出さなかった（男がいなかった）キュリー一家は、なんと二人の女の英雄を輩出したのです。

悲願のポーランド独立

しかしマリーにとって一番の出来事は、なんといってもこの勝利のおかげで、悲願であった祖国ポーランドの独立が実現したことです。百二十三年ぶりのことでした。しかもこのときポーランド共和国初代首相になったのは、マリーがパリで留学生だったときからの友人、ピアニストで作曲家のパデレフスキでした。一時消息が途絶えていたポーランドの家族もみな無事で、共に独立を祝うことができました。これほど嬉しいことがあるでしょうか。

マリーがどんなにポーランドのことを思っていたかは、何度も書きましたが、ここで彼女が、家族というものをどう見なしていたかという、驚くべきエピソードを紹介します。ひとつはこの戦争中に、彼女がずっと鞄に入れていた写真は、娘たちのものではなく、亡き両親の写真だったということ。もうひとつはマリーが晩年に、ポーランドに帰っていた姉のブローニャに送った手紙です。マリーは、夫と二児を失うという不幸に見舞われた姉に、「でも、あなたは孤独だと感じても、ひとつなぐさめがあるでしょう。あなたたち三人はワルシャワにいるのだから、そばにいてくれる人も、守ってくれる人も、多少はいるわけです。力を合わせることのできる家族がいるというのは、やはり唯一の財産です。わたしにはそれがないから、わかるのよ」（『伝記』、四九三頁）と書き送っているのです。このときマリーは六十歳代後半です。いまや世界に名だたる偉大な科学者であり、聡明なキャリア・ウーマンである二人の娘と、かわいらしい二人の孫にかこまれています。あれだけ母を慕い、母を支えた娘たちは、マリーの家族ではなかったのでしょうか。

これは娘たちには冷酷な事実ですが、やはりマリーにとっては、祖国の苦難を共にしたポーランドの家族だけが、「本当の家族」だったのでしょう。あの時代を共有せず、国語を共有していない者は、たとえ血を分けた娘であっても、どこかよその国の人であり、彼女が本当の意味で安らげる相手ではなかったのでしょう。その意味でも、ブローニャとユゼフが、共にポーランドの土を抱えてマリーの葬儀に訪れたのは、きわめて象徴的です。しかしこれは、もっと後の話です。終戦以降、マリーは独立した祖国のため、特にポーランドの科学の発展のために力を尽くします。ワルシャワにもラジウム研究所が開設できたのは、ひとえにマリーの働きあってのことです。

マリーの戦争観

昔この話を授業でしたとき、「第一次大戦でのキュリー夫人の行為は、第二次大戦中にヨーロッパ戦線で白人以上に勇敢に戦った、日系アメリカ人兵士たちと似ていると思った」と、レポートに書いてきた学生がいました。そうかもしれません。だいたい「祖国」に強い忠誠心を持っているのは、もともとそこが「祖国」であることを何の疑いもなく信じられる人間ではなく、そのことに不安を持っている人間の方です。マリーとポーランドの関係でもそうですが、マリーがコペルニクスの時代に生まれたポーランド人だったら、こんなにまでポーランドにこだわることはなかったでしょう。

ただ、マリーが第一次大戦でフランスのために尽くしたことは、先の日系アメリカ人兵士たちよりは葛藤が少なかったと思います。というのも、彼らのルーツである日本は、このときアメリカの敵であり、残された家族は、アメリカ政府によって日系人収容所に閉じ込められていたのですから。一日でも早く家族をそこから出し、自分たちが真のアメリカ人であることを証明するために、彼らは白人のアメリカ人以上にアメリカに忠誠を尽くし、数々の勇敢な作戦を成功に導きました。しかしそれは間接的に、両親の祖国である日本の敗戦を願うことでもあったのです。

戦争はいつの時代でも、人間に信じられないエネルギーを発散させる機会を与えます。しかし、それが自分のアイデンティティを周囲に認めさせる唯一の方法なのだとしたら、とても悲しいことです。私たちは他の方法で、自分の名誉や尊厳を守ることはできないのでしょうか。

占領地帯に生まれたマリーは、単なる観念的な平和主義者ではありませんでした。彼女は第一次大戦に関して、両方の側を批判する一般的な戦争批判論者を、冷ややかな目で見ていました。マリーは、フランス側つまり連合国側の勝利を、専制政治に対する民主主義の勝利だと考えていたからです。エーヴによれば、独裁政治の方が秩序が維持できるかのように主張する人に対して、マリーは常に、「わたしは、圧制のもとで暮らしていたことがあるのです。あなたがたは、ない。自由な国で暮らせる幸せを、あなたがたはわかっていらっしゃらないのよ……」（『伝記』、四九一頁）と言っていたそうです。とても重い言葉です。

7　ピエール・キュリーの「個性」

脇道を行く

負け犬根性という言葉がありますが、ピエール・キュリーほどこの言葉がぴったりくる人間はなかなかいないでしょう。引っ込み思案で社交が苦手、まじめで頑固で融通が利かず、いわゆる気の利いたことがまったくできません。何かにこだわりだしたらとことんそれを追求し、他のことには目もくれず、損得勘定がありません。要するに出世や儲け話に全然縁がなく、典型的に要領の悪い人間です。

こんなピエールは当然ですが、小さい頃から他の子供と違っていました。みんなに合わせた行動ができないのです。しかし彼は幸運でした。父親が、そのことを息子の「個性」だと、ポジティヴに受け取ったからです。医者だった父のウージェーヌ・キュリーは、先にも書きましたが本当は科学者になりたかったのです。彼は、息子には素晴らしい才能があるけれども、その特異な頭脳と感受性は、当時の学校教育とは相容れないものだと判断します。ウージェーヌは基本的に息子たちの教育は自宅で、という方針でしたが、兄のジャックと弟のピエールの教育方針を、異なるものにしました。つまりピエールにはより高い自由度を与え、彼の興味を最優先したのです。しかもそれで兄弟仲が悪くなることもなく、二人は最後まで仲良しでした。ここからもピエールの両親が、自分たちの子供の個性を的確に把握していたことがわかります。

ここでひとつだけ付け加えると、私は「両親」と書きましたが、じつは兄弟の母が本当は何を考えていたのかはわかっていません。もしかしたら母親は、「普通の教育」を願っていたのかもしれません。わかっているのは、彼女は夫の教育方針に強く反対しなかったこと、結果としてそれが、この兄弟にとって幸運だったということだけです。

こうして自分のペースに沿ったかたちで自宅教育を受けたピエールは、みごとにその科学的才能を開花させました。なんと十六歳でソルボンヌ大学理学部に合格し、十八歳で理学士号を取得します。彼は、今なら学習障害児とでも見なされるタイプだったでしょうから、もし子供時代に学校に通っていたら、つぶされてしまったと思います。

ただし、この教育に問題がなかったわけではありません。すべての科目を満遍なく学んだわけではないからです。ピエールは最後までフランス語、つまり国語が苦手なままでした。フランス人は自国の言葉に強い誇りを持っている国民です。ですから通常は、理科系の人間にも高い文章力が要求されます。ピエールの文章には、当時のフランスのインテリに要求された類の格調というようなものがあまりありません。筆跡も、まるで子供が書いた字のようです。このことは後々、彼が知識人から軽く見られる一因となりました。彼が外国人のマリーを気に入ったのも、もしかしたら国語に関する彼のコンプレックスが、多少は作用したのかもしれません。

しかもピエールのキャリアは、当時のフランス人エリートの王道とは違っていました。じつはフランス人にとって、ソルボンヌ大学は最高学府ではなく、本当のエリートはグラン・ゼコールという、フランス革命時に創立されたエリート校に行くものでした。ただし、当時ここには女子の入学は認められていませんから、これは男子だけの話です。ソルボンヌ卒業だけというこの学歴もまた、彼がその業績にもかかわらず、長いあいだ物理化学学校の教員でしかなかったことの理由でした。彼はどこまでも脇道を行く男でした。

ピエールの結婚観

ソルボンヌ大学を卒業したピエールはそこの助手となり、やはり助手だった兄のジャックと共同研究をはじめ、水晶板ピエゾ電気計を開発します。これはごく微量の電気量の測定を可能にする機械で、後にピエールがマリーと結婚して共同研究する際にも、大変役に立ったものです。

これでおわかりでしょうが、ピエールは明晰な頭脳を持っていただけでなく、実験の細かい作業も得意でした。先にも述べましたが、キュリー夫妻の発見に関して、「アタマ（発想）がピエール、からだ（実験）がマリー」といった発言をする人が出てくるのですが、それは間違いです。ピエールは「からだ」も十分有能でした。もちろんマリーの「アタマ」も、ですが。

こうして一種の英才教育を受けて科学者になったこの青年は、当然のことですが世事に疎い人間になりました。同じ科学者でも兄は、専業主婦の妻と二人の子供を持つという、彼らの階級にとって「普通の」結婚をしましたが、ピエールは結婚問題について非常に慎重でした。恋を知らない人間ではありませんでしたが、周囲の男たちが選択したような十九世紀市民社会的な結婚は、彼の理想とする研究生活とは、両立しないと確信していたのです。

当然ですが、こうした結婚制度は妻を家庭に閉じ込める代償に、夫は家族に経済的安定を約束しなければなりません。さらに妻には家庭以外の場が与えられませんから、彼女はそこに執着するようになります。この時代に市民階級の家のインテリアが劇的に発展したのは、こういう理由によるものです。それは、十八世紀の貴族の館の絢爛豪華な装飾とはまったく違う目的を持った、家庭の幸福を自他共にみせびらかす装飾だったのです。

ピエールは、こうしたことを論理的に理解していたわけではありませんでしたが、当時の妻役割を演じる女性は自分の研究を邪魔する存在だという、「正しい」認識を持っていました。しかし彼の周囲には、それ以外の結婚モデルは存在しません。かくして結論として、「自分は結婚しない」と思い込んでいたのです。

私は、ピエールはこの点では非常に現実家だと思います。彼は通常、夢想家として描かれることが多いのですが、こと結婚に関しては、同時代の他の男性よりはるかにリアリストです。というのも、先に見たランジュヴァンの例に明らかなように、たいていの男たちは、自分たちの配偶者もまた自分自身の欲望を持つ一個の人間だということを、いとも簡単に忘れてしまう「夢想家」だからです。

夫たちは妻を家に閉じ込めながら、彼女に対して「自分の稼ぎに心から満足し、その範囲で機嫌よく家政をとりしきってほしい」と望みます。ところが妻に、「そんな儲からない仕事より、もっと割のいい仕事に就いて、私と子供たちを楽にしてほしい」と言われると、びっくりしてしまいます。しかしびっくりしてからでは遅いのです。当時の結婚の契約は重く、離婚するのは至難の業です。彼らは、妻の悪口を同僚に愚痴りながらそのまま仕事を続けるか、不本意な転職をするかの選択をしなければなりません。あるいは暴力や威嚇《いかく》で、妻の抵抗を抑えようとする夫もいるでしょう。そしてどこかに存在するはずの、「自分に対してだけ献身的な女性」を夢見つづけます。

ピエールは、こんな幻想は持っていませんでした。しかも妻を、無理やり自分の欲望に従わせようという気もありませんでした。そんなことは、彼にとって男の勲章でも何でもなかったのです。彼は研究に専念したかっただけなのです。もし中世に生まれていたら、ピエールは間違いなく修道僧にでもなって、一生僧院の奥で研究していたことでしょう。

自分たちに合った家庭生活

そんなとき、ピエールの前に現われたのがマリーでした。このポーランドの女子学生は、彼が今までの人生で見たこともない女性でした。科学を理解し、しかも彼に「女」を感じさせる部分も持っています。中流階級の出身ですが、学問を尊敬するつつましい家で育ったという二人の共通点は、共同生活をする上でも理想的でした。しかしマリーの心は祖国とその家族に強力につながれており、ロシアからの独立のために生涯を賭ける強い意志を持っています。それは二月革命の闘士だった父の息子に生まれながら、政治とは距離を置いていた彼にはない、激しい情熱でした。それもまた、ピエールにとっては魅力だったのでしょう。しかしこのままでは、マリーはポーランドに帰ってしまいます。

そこで先に述べたようなラヴレターを送り、彼女の情熱を科学一本に集中させるよう、自分の持っている力のすべてを傾けます。科学者としてのピエールの才能を尊敬していたマリーにとって、彼のそんな率直な学問的賞賛は、物理学で一番、数学で二番というソルボンヌからの成績評価と共に、彼女に自分の科学的才能を確信させたのだと思います。そしてたぶんその才能が、将来的に祖国のためにも役立つのだと、自分を納得させたのでしょう。ピエールの勇気は報われます。マリーはキュリー夫人となることを承知し、ピエールは、役割としての妻ではなく伴侶にして同僚を得ることに成功したのです。

こうして二人は、周囲の人々の奇人変人を見るような視線を尻目に、自分たちに合った家庭生活を創造します。それは放射能という「毒」を除いても、不規則な食事や長時間の研究という、あまり健康によい生活ではありませんでしたが、二人は幸せでした。ただ、子供の誕生により、マリーの方は家庭に対する感覚が少し変わってきます。ピエールはあいかわらず研究第一でしたが、マリーはもう少し家庭のために、自分たちの時間を割いてもいいのではないかと考えたようです。しかし先にも述べましたが、先生と学生として出会ったこの二人は、最後までその要素を残していましたから、その違いが大きな溝になることはありませんでした。つまり、本当に気が強いのはマリーでしたが、やっぱり彼女は彼を立てていたのです。これは時代と年齢差なども考え合わせれば、当然のことでしょう。

いやいやながらの選挙運動

しかしノーベル賞の受賞は、この静かで学究的な結婚生活を一変させます。世事に疎い二人の周りに、マスコミが押し寄せてきたのです。ポストという点ではうだつの上がらなかったピエールに、母校ソルボンヌの一般物理学の教授職がまわってきます。彼はこの申し出を受け、妻のマリーを、自分の実験室の主任にするよう要求します。さらに政府は、国で最も名誉ある勲章であるレジオン・ドヌール勲章を与えようと打診してきました。ピエールはこれを辞退します。彼が本当に欲しかったのは「勲章」ではなく、設備の整った実験室のある研究所でした。

ピエール・キュリー

しかしそれは彼の死後、マリーが初代所長になるラジウム研究所ができるまで、実現しませんでした。他人はいつだって、自分が本当に欲しいものはくれないのです。そしてべつに欲しくもない名誉を次々によこして、「喜べ」「感謝しろ」と強要するのです。それはピエールが小さい頃から感じていたことでしたが、ここに至ってその乖離《かいり》がさらに大きなものとなり、科学アカデミー選挙に至って頂点に達します。

パリの科学アカデミーは、十七世紀の太陽王ルイ十四世の時代に起源を持つ権威ある組織です。フランス革命で一時中断されますが、帝政の直前に「学士院」として復活し、ナポレオン体制の下でさらに強力な組織として再編成されます。それは今でもフランス人科学者にとって憧れの組織であり、アカデミー会員になることは大変な名誉です。ちなみに、キュリー夫妻と同時にノーベル賞を受賞したアンリ・ベクレルは会員でした。

ピエールの友人たちは「ノーベル賞を獲ったからには立候補しろ。君が会員でないのはフランスの恥だ」と言って、ピエールを煽りました。しかし会員になるには、自分で「運動」しなければならないのです。つまり現会員に対する「根回し」という政治的活動が必要です。優秀な科学的業績だけで、かってに誰かが任命してくれるものではないのです。

これはピエールが最も不得意な分野でした。純粋科学で儲けることは冒瀆であると、ラジウム製造法の特許も取らなかった彼です。そんな彼にとって、「自分に名誉を与えてくれ」と他人にお願いして回るなどということは、たまらなく恥ずかしい行為でした。これは見方を変えれば傲慢な態度でもありますが、とにかく彼には、こんなことがうまくできないのです。しかも彼はかつて一度、やはりむりやり立候補させられたことがありましたが、エリート校出身でないことが祟《たた》って落選しています。

こうしてピエールは再び、まるで友人たちの提案に不満の意を示すかのように、「誰が見てもいやいや」選挙活動をし、当初の予想を大幅に下回る票しかとれず、かろうじて当選という屈辱的な結果を得ます。

「負け犬」の崇高な野心

けれどもアカデミー会員になれば、科学の世界で顔が利くのです。悲願のラジウム研究所設立も早まるかもしれません。研究にはお金がかかります。マリーはこの間、じつはピエールほどには夫がこの手の名誉を得ることを忌避していなかったようです。というのも、アカデミーはずっと男性の牙城だったので、この頃のマリーは、自分が会員になれるなどとは夢にも思っていませんでした。しかし会員の持っている力はよく知っていました。被占領国の女性として、力のないことの屈辱をいやというほど知っていた彼女は、持てるものなら夫がこの力を持つのもよいのでは、と思っていたのです。

そうです。ピエールのためらいや「恥」の意識は、じつは選民意識です。市民としての権利を最初から保障されていたフランス人男性である彼は、マリーのような屈辱的な扱いを受けたことは、一度もありません。しかも、常に高い理想を持って自分のレベルに満足することがなかったとはいえ、ピエールは自分が他の多くの科学者たちに劣るなどとは、微塵も考えていなかったと思います。彼が劣ると考えていたのは、傑出した天才や自らの理想と、自分を比較しての話です。これは、「天才」を持たずに職業として科学を選んだ多くの人間にとって、最も癇にさわる態度です。というのも、彼らは最初からピエールの眼中にはない存在なのですから。ピエールのアカデミー選挙での低い得票数は、こうした「凡庸な」科学者たちの、天才の傲慢に対する復讐だったのかもしれません。

つまり「負け犬」ピエールは、じつは科学において神のレベルに到達しようとした野心家ピエールでもありました。ただ、その野心がお金や地位といった、十九世紀ブルジョア社会が尊重したものではなかっただけの話です。苦労人のマリーは、そこまで高踏的にはなれませんでした。彼女はもう少し実際的です。もしマリーと結婚しなかったら、たぶんピエールは、ソルボンヌの教授にもアカデミー会員にもなっていなかったと思います。どちらが幸せかはわかりませんが、その点ではマリーが、「亭主の尻を叩いていた」ことは事実です。

こうして多少は世間とかかわりつつ生きていたピエールでしたが、先にも書いたようにその人生に突然、終わりがやってきます。理学部教授連盟の会合に出席して科学の未来について語り合った直後、ドーフィーヌ街を横切ろうとして、荷馬車の車輪に脳髄を砕かれます。マリーはあらゆる参列や代理の派遣や弔辞を断り、司祭も呼ばず、身内だけの簡素な葬儀を執り行いました。彼女は庭の花と、彼がお気に入りだった女学生時代の自分の写真を棺に入れ、自分をフランスに結び付けてくれたこの男性に別れを告げます。無神論者であり、さらに「超」の付く合理主義者だった父ウージェーヌは、「あそこにあるのはただの骨だけだ」として、息子の墓には決して行かなかったと言われています。

たしかに惜しい死です。マリーが夫の伝記の中で書いているように、ピエールがソルボンヌでの講義を完全なものにするために作ろうとしていた、若い頃からの研究テーマである「結晶媒質の物理学」についての一貫した講義録が完成されていたら、どんなに素晴らしかったことでしょう。しかしピエールの人生は、十分豊かだったのではないでしょうか。理解ある両親の愛の中で、その「変人」

ぶりが歪むことなく成長し、新元素を発見するという偉業をなしとげたのですから。幸せな子供時代のおかげで、ピエールは自分を生かしてくれる伴侶を見つける能力を失うことなく、成人できました。それは彼の幸せのためにも、世界初のノーベル賞受賞の女性を生み出すためにも、とても重要なことだったと思います。

8　科学アカデミーに拒まれた母と娘

女性会員はいない

一九一〇年、キュリー夫人が科学アカデミーに立候補したことが公になると、フランス科学界は大騒ぎになりました。いえ、科学界だけではありません。それは社会問題にまで発展します。かつてピエールが立候補したとき、そんな騒ぎはまったく起きなかったのに、です。

前章でも書きましたが、パリの科学アカデミーは十七世紀に起源を持つ、たいへん権威のある組織です。フランス革命時には「知の貴族」の牙城として、民衆の憎悪の的にすらなりました。革命家マラーが、この組織を激しく攻撃したのは有名な話です。その時代から、研究のみならず、特許をはじめとする科学上のさまざまなことがらを許認可する権利を持っており、マリーの時代には、科学の賞や研究補助金の授与などの審査権も有していました。あるテレビ番組でアカデミーの特集をしたとき、非常に印象的だったのは、「会員になってよかったことは」という会員への問いに、ある科学者が

「もう会員になれるかなれないかで悩む必要がない」と答えていたことでした。それほどまでに「アカデミー会員」というステイタスは、フランス科学者の憧れの対象だったのです。

この年、アカデミーの事実上のトップである終身書記で数学者のダルブーが、マリーのアカデミー入りを擁護する手紙を、当時の有名な新聞『ル・タン』に送ります。要するに先に述べたようなアカデミーの仕事の中で、放射能に関する問題を取り扱うに際し、優秀な専門家が会員であることはいまや必須であり、その人物はキュリー夫人をおいて他にない、というのがダルブーの主張でした。それは、まったくもって筋の通った意見のように思われました。実際、女性初のノーベル賞受賞者であるマリーは、その頃にはすでに国際的な科学の委員会の委員長や、外国の有名な科学アカデミーの会員になっていたからです。

なのにフランスでだけ、彼女は科学アカデミー会員になっていませんでした。これでは、フランス社会の遅れを世界に宣伝しているようなものです。マリーの友人はもちろんですが、こうした国際社会からの批判を恐れる人々は、マリーの立候補を歓迎します。しかしすべての人が、そういう考え方をしたわけではありませんでした。というのも、この組織はその設立以来、女性会員を受け入れたことは一度もなかったからです。

マリーの立候補を歓迎した人たちは、彼女の科学的業績の素晴らしさに対して公正なポストを提供するためだけでなく、アカデミーのこうした女性差別的な部分をも改革したいと思っていたのです。ダルブーの記事にも、その点が明確に述べられていました。そして反対派が攻撃したのも、まさにこの点をめぐってのことでした。彼らにとっては、マリーの立候補は男性社会への明らかな挑戦であり、男性の牙城を侵す侵略的行為でした。彼女の科学的業績など、まったく問題ではなかったのです。

もう一人の候補者

ここでもう一人の立候補者であるブランリーが、にわかに脚光を浴びることになります。生粋のフランス人で、電信の実用化に貢献したブランリーはまた、カトリック学院の教師でもありました。特にこの後半部分が、本人の意向とはまったく関係のないところで、国家主義者たちや教会関係者たちによって、フランスの栄光の象徴にされてしまいました。

教会を捨てた外国人の女が、フランスの伝統ある組織に入会していいのかという論調が、反対派によって盛り上げられます。科学的業績は誰が見ても比べ物になりませんでしたが、そんなことはまったく意に介されませんでした。アカデミー会員が身につける、オリーヴの葉模様の豪華な刺繍の入った深緑の制服（これは一八〇一年に、当時第一統領であったナポレオンが直々《じきじき》に全アカデミー会員に贈った由緒あるもので、もちろん男性のみを想定してデザインされたもの）や剣を女が身につけるのか、という俗っぽい議論まで展開され、大衆紙の一面を飾ることになります。さらに候補者の事実上の義務である、かつてピエールがいやいや行った現会員の自宅への「訪問」も、「女性が男性を訪問することは礼儀に外れる」という当時の慣習のため、マスコミの格好の話題になりました。

こうした騒ぎは、マリーにとっても、争いを好まない性格のブランリーにとっても、迷惑な話でした。しかも科学以外のアカデミーまで、この問題に口を出してきました。そもそもアカデミーの会員選挙は、それぞれの部門が独立して行うものであり、他の分野へは口出しなどできないはずなのです。「キュリー夫人が会員になったら、彼女がアカデミー全体の会長になる可能性が出てくる。そうすればこれは科学部門だけの問題ではない」というのが、彼らの言い分でした。

こうして、いつもなら一般の人は見向きもしない雲の上の組織に、世間の耳目が集中します。しかもここでの女性たちの立場は、非常に微妙なものでした。戦闘的フェミニストたちはマリーの立候補を歓迎し、たとえ彼女が落選しても、それはそれでアカデミーの愚かさを世界に示すだけのことだとして、これを機会にフェミニズム運動を盛り上げようとしました。しかしこうした女性たちは例外的な存在です。なぜならこの時期、多くのフランス女性たちは敬虔なカトリック信者だったからです。

政治と宗教のねじれた関係

たとえば時代は少し下りますが、軍部に逆らったナイチンゲールに熱狂的な支持を与えたイギリスの女性たちの多くは、宗派は違いますがやはり熱心なキリスト教徒でした。彼女たちは、「合理主義」をお題目にして女性を従わせようとする男性たちに対抗する手段として、神と教会の権威を使います。それは政治や軍隊よりも上位の概念であり、公的な力を持たない立場の女性たちに、大きな力を与えるものでした。なんといってもイエスは貧しきもの、小さきものこそが、より神の国に近いということを強調したのですから。イエスの教えには、既成の権威を否定し、女性や子供といった社会的弱者を高みへと持ち上げる要素が存在します。そこでは現実世界の地位が逆転し、既成の概念は通用しません。もちろん国の権力に近づいていった組織としての教会の教えと、イエスの教えのこの部分は、常に調和していたわけではありません。しかしキリスト教の中には、いつでもこうした「反逆する力」が隠れていました。これこそ、キリスト教が女性たちを惹きつけ、「合理主義者」の男性が敬虔な女性たちを恐れた理由のひとつです。

フランスの女性参政権がアメリカなどより遅れて、日本とほぼ同時期の一九四四年に成立したのも、この宗教問題が深く絡んでいるのです。フランス革命以来、王政復古などの特殊な時期を除いて、この国の与党はなんとかして政教分離を実現しようと努力してきました。それまでほぼ教会に独占されてきた教育を公的なものにしたのも、そこから宗教色を除くという目的があったのです。国による看護婦養成も、看護修道女の介入を防ぐためでした。先に述べたパンテオンが非宗教墓地であるのもこのためです。ですから、いわゆるリベラル政党であればあるほど、男女の平等に賛成していても、熱心なカトリックの多い女性たちに参政権を与えることに、脅威を感じていたのです。カトリックの政党に政権を渡してはならないからです。これはフランス政界の大きな矛盾でした。

マリーの偉大さに感服している女性であっても、彼女が男の牙城に入るより、神秘性を保って孤高の人となり、カトリックのブランリーに席を譲る方が、マリーにとって有利であると考える者が少なからずいたのです。教会は、女性たちが自分を守る砦のひとつでもありました。というのも、やはり「神」はいまだに、全ヨーロッパで権威ある存在だったのですから。ですからこうした女性たちにとってては、妻であり母でありながら、無神論の科学者でもあったキュリー夫人は、どうしていいかわからない存在でした。

怒りと抵抗

こうして世論が異常な盛り上がりを見せる中で、科学アカデミーの投票が行われます。なんと三十票対二十八票で、ブランリーが勝利したのです。マリーを支持したポワンカレやポール・アペルたちは、アカデミーの「後進性」に憤ります。終身書記であるダルブーの面目も丸つぶれです。「結局、科学は慣習に勝てないのか」と思い知るのは、優秀な科学者であった彼らにはつらいことでした。エーヴはこの事件について、「まわりは騒いだが、母は冷静で、少しも落胆しなかった」という趣旨のことを書き残しています。

しかしやはり、マリーは悔しい思いをしたと思います。だいたいピエールが会員でしたから、マリーは会員が何をするのかよく知っていました。しかもピエールはアカデミーを好んでいませんでした。彼は会員になってから五カ月後に、「僕はアカデミーが何の役に立つのかいまだにわからない」と、うんざりした調子で友人宛に書き送っているのですから。にもかかわらずマリーは立候補に同意したのです。ですからよほどの覚悟があったはずです。加えて彼女は自分の科学的業績に強い自信を持っていました。ブランリーが自分とは比べ物にならないのは、「科学的に」明らかなことです。アカデミーの拒絶は、彼女の科学的業績への拒絶であり、ピエールを受け入れたこととの完全な矛盾です。

じつは、「フランス語で発表しない」という条件で、一九二三年にアメリカで発表した英語の自伝の中で、マリーはこの女性差別に関する自分の怒りの気持ちを、はっきり述べています。

この［マリーの］立候補は、アカデミーに婦人を入れるべきか否かという原則的な問題をめぐって、大きなセンセーションをまきおこしました。多くの会員が、婦人は入れるべきでないという原則を支持し、けっきょく数票の不足で、私は落選いたしました。私はもう二度と立候補するつもりはありません。なによりもいとわしいのは、当選のために個人的な運動をしなければならないことです。私は、アカデミーの会員は、候補者の運動でなく、アカデミー自体の推薦によって決めるのがいいと思っております。現に、いろいろな外国のアカデミーや学会が、私を会員に加えてくださいましたが、私自身が要請ないし発議をしたことは一度もありません。（マリー・キュリー「自伝」、『世界ノンフィクション全集／8』、二〇八頁、筑摩書房、一九六〇年）

落選ののち、かなりの長期にわたり、マリーはアカデミーの雑誌に論文を投稿しませんでした。それはこの頑迷な組織への、彼女なりの精一杯の抵抗だったのでしょう。

娘イレーヌの闘い

この秘められた怒りは、それから四十年後に、娘のイレーヌの立候補というかたちで表出します。

一九一〇年に中学生だったイレーヌは、母の落選に至る事情をつぶさに見ていました。彼女こそが、母の悔しさを誰よりも強く感じていたはずです。いえ、ピエール亡き後、子供ながらに母を支え、また崇拝してきたこの長女は、マリー以上に悔しい思いをしていたのです。彼女は母の立候補について、次のように書き残しています。

女権反対論者や宗門の人たちは、母のアカデミー入りに猛烈な反対運動を展開しました。この選挙運動では、科学上の肩書きは、他のどんな考慮すべき点よりも重みがないように思われ、立候補中に受けた数々の訪問について非常に不快な思い出があるので、母は二度と立候補することはありませんでした。（イレーヌ・ジョリオ＝キュリー「わが母マリー・キュリーの思い出」、『世界ノンフィクション全集／8』、二四一頁、筑摩書房、一九六〇年）

この文章からもわかるように、イレーヌはマリーと違って、自覚的フェミニストです。ボーヴォワールの『第二の性』を愛読し、女性問題に関する積極的な発言を公にしていたイレーヌにとって、立候補は一つの政治的な戦略でもありました。しかし彼女も母親同様、落選してしまいます。しかも何度も、です。

このときのイレーヌはノーベル化学賞の受賞者、かつフランスで最も権威あるレジョン・ドヌール勲章の受勲者でした。そのうえノーベル賞の共同受賞者である夫のフレデリックは、一九四三年に物理学部門の会員に選ばれていたのです。イレーヌの場合も、科学的業績は問題にされませんでした。その性だけが拒絶の真の理由です。イレーヌはあえて落選覚悟で何度も挑戦することによって、科学アカデミーの封建制を、世界に広く知らしめたとも言えるでしょう。

この組織が正会員として女性を受け入れるのは一九七九年、物理学者で数学者のイヴォンヌ・ショケ＝ブリュアが最初です。フランス女性が参政権を獲得してから、じつに三十五年が経っていました。

9　変貌する聖女

書き変えられる伝記

みなさんは、キュリー夫人の伝記が世界中にどのくらいあるか、知っていますか。じつは私も知りません。絵本も含めた子供向けのものも入れれば、それこそ「星の数ほど」と言いたくなります。

しかしこれら世界中のおびただしい伝記は、じつはある時点までは、たった一つの伝記の焼き直しだったといっても過言ではありません。それは、本書のはじめにも述べた、次女エーヴによる母の伝記『キュリー夫人伝』です。

最初にも書きましたが、この本はマリーの死後わずか四年で出版されたにもかかわらず、かなりの情報量を持つものであり、その文学的価値ともあいまって、それ以前のどんなキュリー夫人の印象をも、圧倒してしまいました。そしてこれこそが、エーヴの目的でした。

じつはエーヴがこんなにあせって母の伝記を書きあげたのには、二つ理由がありました。一つは、アメリカの出版社が彼女をせきたてていたのです。この頃、マリー・キュリーは特にアメリカで有名で、人気のある女性でした。アメリカびいきのジャーナリストの次女エーヴが伝記を書けば、その出版社はフランスとほぼ同時進行で英訳を出し、英語圏でベストセラーにできると踏んでいたのです。

しかもアメリカにおけるマリーの、清教徒的で崇高なイメージは、エーヴにとって都合のよいものでした。ここで人々を感動させるような本が出せれば、彼女が避けたい話題である、キュリー夫人の最後の恋、ランジュヴァン事件を、世間から完全に抹消できます。それはまた、姉イレーヌの望みでもあったはずです。姉妹は、マスコミに追い回されたあのときの恐怖を忘れられませんでした。しかもマスコミ人となったエーヴは、その力がどれほどのものか、以前よりもよく知っています。ですからフランスの出版社はもとより、アメリカからのこの申し出は、まさに渡りに船でした。

こうして私たちは、アメリカ受けする（そしてアメリカの力が強大になれば、必然的にグローバルに受けるようになる）、「聖女のような」科学者にして妻であり母である、キュリー夫人のイメージを持つようになったのです。

この伝統的イメージが崩れたのは一九七四年、イギリスの男性科学ジャーナリスト、ロバート・リードの『キュリー夫人の素顔』によってです。ついでフランスの女性ジャーナリスト、フランソワーズ・ジルーが、一九八一年に『マリー・キュリー』を出版します。この二作はランジュヴァン事件だけではなく、先の章で述べたアカデミーの選挙や、当時の放射能障害の実態など、マリーとその時代についてのさまざまな側面を明らかにしました。これ以降、少なくとも大人向きのマリー・キュリー伝は変化しはじめます。伝記作者たちは、この女性を「聖女」ではなく、十九世紀末から二十世紀前半を生きた一人の人間にして女性科学者、という視点から描き出します。

見かけだけの平等

このような変化は、じつはマリー一人の伝記だけではありませんでした。アメリカの文学研究者であるキャロリン・ハイルブランは、一九七〇年を「女性による女性の伝記の転換年」と規定していま す。つまりこのころから、女性が女性を見る目が変わってきたということです。こうして、キュリー夫人やナイチンゲールといった、すでに有名であった女性たちが、新しい角度から語られはじめただけでなく、それまで無名であった女性たちの伝記が、女性作家によって続々と発表されはじめます。なぜこんな現象がおきたのでしょう。それは一九六〇年代にはじまった第二波フェミニズム運動と、深いかかわりがあるのです。

第二波というからには第一波があります。それは主に、女性参政権獲得を中心とする市民的権利の男女平等をめざす、十九世紀から二十世紀はじめの女性解放運動を指します。次の章で扱う、マリーの二人の友人は、こうした運動にかかわった女性たちです。第一波で活躍した人々の努力により、先進国といわれる国では、第二次大戦後にほとんどの国で女性参政権が実現しました。わが日本国憲法にも男女の平等が織り込まれていますし、一九四八年に採択された世界人権宣言でも、すべての人間は人種、皮膚の色、宗教、出自などと並んで、性による差別を受けない権利を持っている、と謳われています。こうして第二次大戦後に、かなりの数の女性たちは、見かけは男性と平等に扱われることになりました。

たとえば大学の入学試験を考えてみましょう。通常そこでは、受験生は番号だけで判定されます。採点者は受験生の性別はおろか、名前も見ないで採点します。ですから合格者の男女比は、結果を見るまで誰にもわかりません。性による有利、不利などありません。とても「平等」な制度です。女性に大学入学資格がほとんどなかったマリーの時代とは、大きな違いです。しかし問題は、そう簡単ではありません。というのも、現実には男女の間に歴然とした差が存在したからです。

たとえば、日本に第二波フェミニズムが起きる直前のことですが、大学を中心に学園紛争の嵐が吹き荒れた時代がありました。大学によっては授業どころか、入試さえなくなったことがあったのです。フランスでは学生と労働者が結束して、「五月革命」と呼ばれる政治的大変革を起こしました。一九六八年のことです。男子学生だけでなく、多くの女子学生も、大学の民主化やベトナム戦争反対をはじめとする、さまざまな政治的活動を行いました。

けれどもたいていの場合、表に立って活動したのは男子学生でした。少数の例外をのぞけば、大多数の女子学生は、戦う男子学生の「銃後の支え」となったのです。それに男女学生の専門分野にも、大きな違いがありました。日本ではこの時期の女子の大学生は、多くが文学部か家政学部、あるいは教育学部に属しており、理工系の学生が多かった男子とはまったく対照的です。しかも、いわゆる偏差値が高いといわれる大学の学生は、圧倒的に男子でした。平等な入試が実現されてから二十年以上経っていたのに、なぜこんな違いがあったのでしょう。

第二波フェミニズム運動

大きな政治的うねりの中で、自分たちの置かれた不平等な立場を自覚しはじめた女性たちは、市民的権利の獲得だけでは問題が解決しないことに気づきます。こうしてアメリカやヨーロッパ、日本などで起きたのが、第二波フェミニズム運動でした。特にこのときアメリカで掲げられたスローガン、「個人的なことは政治的である」は、強烈なインパクトを持ってあらゆる方面に影響を与えました。それは、今までのフェミニズム運動が深く立ち入ることがなかった「個人的なこと」、つまり家族やセクシュアリティの問題なども、広く社会や政治とつながっており、個人の苦しみは決して個人だけの問題ではないのだということを、白日の下にさらけ出したのです。

女性たちは、それまで「あたりまえ」として問われることのなかった「女らしさ」「男らしさ」という概念が、不動のものではないことに気づきはじめます。これらの概念は社会や文化の影響を強く受けており、時代や場所によって変化し、決して宿命などではないのだということを悟ったのです。これがいわゆる「ジェンダー」です。

こうして家族やセクシュアリティといった問題のほかに、言葉の問い直しもはじまります。たとえばフランス語には、日本語にはない男性形・女性形というものが存在するのですが、男性社会の中では、ほとんどの公的職業はすべて男性形で表現されていました。日本語では、「キュリー夫人がソルボンヌ大学教授になった」と書けばそれでおしまいですが、フランス語では、単に「教授 professeur」と書くと男性を意味してしまいます。ですから「奥様教授 Madame le professeur」（le は男性名詞に付ける冠詞）などという、据わりの悪い言葉を使うことがあります。こうしたことは、それまでは「伝統であるから不可侵」とされていたのですが、その背後にある性差別が指摘されるようになりました。日本でも「看護婦」「保母」資格が、「看護師」「保育士」と名称変更されたことは、こうした流れの上にあるのです。

ランジュヴァン事件について触れたキュリー夫人の新しい伝記も、このような運動を踏まえて出てきた作品です。ですからここには、エーヴが恐れていたような描写、つまりマリーとランジュヴァンの関係を揶揄したり批判したりするような調子はありません。特にジルーの伝記では、この事件がより強く、当時の社会の女性差別や民族差別と関連づけて分析されており、決して単なる個人的スキャンダルとしてなど扱われてはいません。

ただ残念なのは、これを読んだすべての人々が、必ずしも作者のこうした人権擁護の姿勢を理解したわけではなかったことです。ランジュヴァン事件は伝記の一部にすぎず、ほかにもマリーに関して、それまで語られていなかった重要な視点（ノーベル賞の問題や、キュリー夫妻の研究協力体制の実態、放射能研究のありかたなど）が盛り込まれていたにも関わらず、この事件のことばかり強調して、これらの伝記を面白おかしく紹介する記事も出ました。

新しい伝記への批判

そのせいでしょうか、本来なら歓迎されるべき新しい伝記の流れを批判する女性物理学者まで現われました。猿橋賞という、女性科学者に与えられる有名な賞の創設者である猿橋勝子（専門は地球化学）は、一九九一年になっても、子供向け伝記シリーズの中の一巻、ビバリー・バーチの『キュリー夫人』（これはとてもよく書けている伝記ですが、ランジュヴァン事件については触れられていません）の解説で、次のように述べています。

ポーランドでの家庭教師時代の恋にやぶれたこと、さらにその後、ピエールの教え子との恋愛事件についても、聖女マリーのスキャンダルとして、大きくとりあげているジャーナリストがいますが、これらはマリーへの一種のねたみ、いびり、陰口、悪口であって、マリーの人柄をなんら傷つけるものではないと思います。（ビバリー・バーチ『キュリー夫人／伝記　世界を変えた人々1』、一六七頁、偕成社、一九九一年）

ジャーナリストの名がはっきり記されていないので、ここで猿橋が批判したいのが、ジルーたちの伝記そのものなのか、それを紹介した軽薄な記事なのかはさだかではありません。しかし私は、あえてランジュヴァン事件に触れていない伝記の解説で、このような主張をすることは誤解を呼ぶ行為だと思います。というのも、この伝記シリーズの他の人物（アインシュタインなど）については、こういう一見負の部分についても触れられているからです。

同じ解説の中で猿橋は、エーヴの伝記をもとにしたアメリカ映画『キュリー夫人』の方を、より好意的に紹介しています。しかし、第二波フェミニズムを経験した今日のわれわれの目から見れば、むしろこちらのほうが、女性を「母」「妻」役割に閉じ込めて、女性のセクシュアリティを限定しようとする「危険な」作品に思えます。何といってもこの映画では、ピエールが死んでから突然場面が何十年も飛んで、すっかり老女になったマリーが、ラジウム発見二十五周年の式典に出たところでジ・エンドです。夫が死んだあとの妻の人生には語るものなどない、と言わんばかりのこの描き方は、まさに当時の典型的な女性観を表明しています。一九四〇年代という時代の制約を思えば当然とも言えますが、ここでは原作であるエーヴの伝記以上に、マリーの十九世紀的「女らしさ」が強調されています。当時の女性たちがこの映画に感動し、その野心を大いに鼓舞されたのは事実でしょうが、映画であれ小説であれ、私たちは自分にその「感動」をもたらした社会的要因について、内省する必要があるでしょう。

たとえば私は、第二章で登場した美青年カジミェシュが、美老人になって、ワルシャワの公園でマリーの立像を見つめている場面が大好きです。もし自分が監督になってマリーの映画を作るなら、必ずこの場面を入れたいと思っているくらいですが、これは私が、男性中心社会、つまり美は女性の、出世は男性のものとされる社会の中で育てられたことと、無関係ではありません。既成のジェンダー観から見れば、ここでひっくり返っている男女の立場というものが、働く女性である私には心地よいのです。つまり「単なる個人の好み」などではないのです。

もし私が男だったら、あるいは女であっても平安時代の貴族の娘だったら、江戸時代の貧農の妻だったら、同じＤＮＡを持ったとしても、現在と同じ好みである保証はありません。人は自分の好みを否定する必要などありませんが、「個人的なこと」はあくまで「政治的」なのです。

10　マルグリット・ボレルとハーサ・エアトンとの友情

シスターフッドの価値

エーヴの伝記は一九三〇年代に書かれたものですし、身内による作品ですから、今から見ると多少古臭く、母を美化している部分があるのは当然です。しかし、にもかかわらずこの伝記には、キュリー夫人の美点になり得る、ある要素が欠けています。それは何かというと、マリーの人生における女友だちの重要性です。

たしかに当時、マリーと対等な女性の同僚などというものは、彼女のまわりにほとんどいませんでしたし、マリーの育った環境を考えれば、家族の絆が強いのは当然です。しかし、エーヴの伝記しか読まない人は、マリーと親しかった女性というのは、姉妹か幼なじみかご近所さんだけ、という印象を持ってしまいます。例外は、晩年の友人であるアメリカ人ジャーナリストのミッシー・メロニー夫人でしょうか。アメリカびいきだったエーヴは、キュリー夫人をアメリカに招待し、結果としてエーヴ自身がこの国に住むきっかけを作るに至ったメロニーのことは、詳しく描写しています。しかしこの二人の関係は、いわゆる仲良しの女友だちというものではありません。

ではキュリー夫人には、対等な女友だちはいなかったのでしょうか。そんなことはありません。彼女には女友だちがいました。しかも女性科学者の友人もいたのです。彼女たちは困難に当たってこの友をかばい、まさに「苦しみを半分に」してくれるものとしての友情を証明したのです。なぜエーヴは、こんな「素晴らしい女友だちを持った女性である母」という美点を、無視したのでしょう。

それは、この伝記が第二波フェミニズム以前の作品であるために、シスターフッドと言われる女同士の連帯の絆や親密な結びつきが、そこまで注目すべきものであるという認識が、エーヴに欠けていたからかもしれません。けれどもそれだけではないのです。この二人の女友だちの真価が発揮されたときこそ、先の章で述べた、エーヴが人々に知られるのをもっとも恐れていた事件、キュリー夫人の不倫恋愛であるランジュヴァン事件でした。

何度も書きましたが、ランジュヴァン事件は女性差別だけでなく、ユダヤ人や外国人差別、政教分離政策への賛否といった、当時のフランス社会の中にあるさまざまな問題の存在を浮き彫りにし、キュリー夫人と二人の娘たちを深く傷つけました。それゆえエーヴは、母の伝記の中で、この事件をみごとに隠蔽したのです。結果として、マリーの人生における貴重な女友だちの話が、脱け落ちてしまいました。それは、エーヴの立場ではやむを得ないことでしたが、シスターフッドの価値を知っている私たちの世代からみると、キュリー夫人が素晴らしい女友だちを持っていたという事実が長い間知られなかったのは、惜しいことでもあります。

女が男の所有物だった時代

表題の女性、マルグリット・ボレルはフランス人。科学者ではありませんが、父親はソルボンヌの理学部長で、夫はマリーの同僚の数学者エミール・ボレル。つまり幼い頃から、科学者の世界に親しんでいた女性です。しかも彼女自身は、カミーユ・マルボというペンネームを持つ野心的な作家でした。

もう一人のハーサ・エアトンはイギリス人で、マリー同様、女性物理学者です。じつはこの人の夫は明治時代に、工部大学校（現在の東京大学工学部の前身）に御雇い外国人教師として招ばれていた、やはり物理学者のウイリアム・E・エアトンです。ただしハーサはそのときには彼の妻ではなかったので、彼女が直接日本を知っているわけではありません。

ここからわかるのは、この二人の女性は、マリーの置かれている特殊な立場が、非常によくわかっていた人間だということです。しかも彼女たちは二人ともに、第一波フェミニズム運動の活動家、つまり女性の市民的権利拡張のために運動していた人物で、自覚的なフェミニストでした。特にこの頃のイギリスの女性参政権運動は、逮捕者も多々出るというかなり過激なものだったのですが、ハーサはエミリー・パンクハースト率いる婦選同盟のメンバーでした。

だからこそ彼女たちは、男性に伍して働く女性科学者マリーを友とし、彼女がランジュヴァン事件であまりにも一方的に批判されたことが、許せなかったのです。たしかにポール・ランジュヴァンの子供たちには、マリーを批判する権利があるかもしれません。彼らはイレーヌやエーヴ同様、この事件に翻弄され、心に深い傷を負ったのです。しかしソルボンヌ大学や物理化学学校が、ポールの行為を一切問題にせず、マリーのそれだけを問題視して、彼女の教授職を剥奪しようとしたことは、不当以外のなにものでもありません。

そもそも当時のフランスの法律には、不貞に関して男女の間に大きな違いがありました。既婚女性が不貞をしたら三カ月から二年の禁固刑なのに、男性の場合だと相手の女性を家に連れ込まない限り、いっさい処罰されません。しかも女性を連れ込んでも、罰金刑でおしまいです。ハーサの国であるイギリスでも、大きな違いはありません。これが家父長制における夫婦のありかたなのです。

この制度の下では、女は男の所有物です。だから妻の不貞の相手は、夫の所有物を盗んだ盗人です。でも、夫の不貞は、その相手が人妻（あるいは良家の令嬢）でない限り、誰の権利も侵害しません。加えて女性の不貞に対する刑罰がより重い理由は、子供もまた父親のものだからです。子供は法律上の父の財産を相続します。ですからもしもその子の本当の父親が、法律上の父であることが明確でない場合、この制度は根底から脅かされます。

十七世紀に生きた有名な才女にしてリベルタン（宗教的、性的自由主義者）であるニノン・ド・ランクロは、自身の自由恋愛を表現するために、「男になる」という言葉を使っています。フランスは、男女関係に関してヨーロッパではかなり自由な国ですが、それでも結局のところ、裏の世界ではともかく、表向きには女性だけが、その貞節を「財産」と見なされてきたのです。しかもニノンが生きた時代よりマリーの生きた時代の方が、この傾向は強化されていましたから、法律的にも世間的にも、批判はランジュヴァンを素通りして、マリーの上にだけやってきます。さらにここに「外国人」という要素が加わりますから（こういう時には、たとえフランスに帰化していようと、フランス人にとってマリーは「外国人」です）、彼女に対する批判はますます強まります。

キュリー母娘を助ける

こうした不平等に怒ったマルグリットは、マスコミの攻撃にさらされるキュリー母娘を自宅にかくまい、マリーを批判する自分の父親と真っ向から対立します。たとえこの先、一生父に会えなくなっても、自分はマリーを守る覚悟だと、マルグリットは啖呵《たんか》を切ります。彼女の写真からは、この女性が並々ならぬ強い意志の持ち主であることが、よく伝わってきます。

ハーサは、この事件で体を壊したマリーと娘たちを、イギリスの自分のところに来るように誘います。マスコミもそこまでは追ってこないだろうと考えたからです。意地っ張りのマリーも、このときばかりはハーサの親切を受け入れます。こうしてマリーは徐々に回復し、再出発するための英気を養うことができました。友情はたしかに、苦しみを半分にしてくれたのです。

彼女たちにとってマリーの苦難は、単に友人の個人的な災難ではありませんでした。前の章でも書きましたが、ランジュヴァン事件は、「個人的なことは政治的である」という第二波フェミニズムのスローガンを表わしている、典型的な事例です。二人とも、このスローガンこそ知りませんでしたが、これが自分たちの問題でもあることを、はっきりと自覚していました。こうして彼女たちは、周囲のどんな非難にも耳を貸さず、このシスターフッドを守り抜いたのです。

第二波フェミニズム以前には、よく「女の敵は女」という言い方がなされ（男には男の敵はいないのでしょうか）、男同士の友情に比べれば、女同士の友情はもろいものだという「神話」がまかり通っていました。また男女では決して友人になれないとも言われていました。

しかし私たちは知っています。男であれ、女であれ、もろい関係もあれば強い関係もあるということを。危機にある友に手を差し伸べ、また友の幸福を喜ぶことのできる友情に出会えたならば、それは誰にとっても一生の宝です。そしてマリーは、この宝を持っていました。

11　放射能への歪んだ愛

見過ごされた放射線の害

先の章で私は、エーヴがキュリー夫人の女友だちについて書かなかったことで、マリーの美点をひとつ伝えそこなったと書きましたが、逆の意味で、エーヴがもうひとつきちんと書かなかったことがあります。それは、放射性元素から放出される放射線というものが、人体に与える害についてです。

現在では放射線は、癌などの病気の原因となり得ることが分かっています。もちろんマリーの生前に、あるいはエーヴが伝記を書いた時点では、そのメカニズムがきちんと解明されていたわけではありません。しかし放射線が人体にまったく影響を与えないと思われていたわけでもないのです。そもそもラジウムは癌の治療に利用できるとして、一般に歓迎された発見です。しかしこれは、癌細胞は健康な細胞よりも放射線に破壊されやすい、という性質を使った治療法です。つまり健康な細胞が破壊されないわけではありません。毒と薬はきちんと分かれてはいないのです。これは昔からよく知られている普遍的な真理です。けれどもマリーは、このことをきちんと認めようとはしませんでした。そのためにマリーの周辺で、あるいは遠い異国においてまで、数々のいたましい犠牲者が出ることになりました。

じつは放射線のせいで最初に体調を崩したのは、ほかでもないキュリー夫妻自身でした。たしかにピエールの死は事故死なのですが、もし仮にあの時点で交通事故に遭わなかったとしても、もしかしたらピエールに残されていた時間は、そんなに長くはなかったかもしれません。それほど彼は体の調子が悪かったのです。夫妻が死体解剖教室を改造したボロ小屋の実験室で放射能を扱っていた頃、二人の体には次々と異変が起きていました。特に症状がひどいのはピエールでした。彼は原因不明の痛みの発作に襲われ、すぐに疲労してしまいます。マリーもこの間、九キロほど体重が減り、二人の指先にはいつも火傷のような奇妙な傷がついていました。

それなのにピエールは、自分を被験者にしてとんでもない「実験」をしたりしました。放射性物質が生物の体に影響を及ぼす、というドイツ人学者の論文を読んだピエールは、なんと自分の体でこれを試そうとしたのです。彼は自分の腕を何時間もラジウムにさらして、人間の皮膚がどのくらい破壊されるかを調べたりしたのです。今から考えると暴挙としか言えない行為ですが、彼はそのときの傷跡を、同僚科学者に自慢さえしたのでした。というのも、こんなふうに健康な皮膚を破壊することのできるラジウムは、病気の細胞を殺すことができるだろうと考えたからです。ここから、ラジウムによる癌や皮膚病の治療という発想が出てくるのです。

夫妻の症状

夫妻がノーベル賞を受賞した年、通例の十二月十日の講演を辞退して、二年後の一九〇五年六月に講演を行ったのも、直接には流産後のマリーの身体の回復がはかばかしくなかったからですが、根本的にはこうした体調不良が原因だったのです。しかし夫妻はそのことを、放射能のせいだとは考えていませんでした。より正確に言うならば、少しは関係があると思っていたかもしれませんが、だいたいにおいて「働きすぎ」のせいにしていたのです。事実二人はワーカホリックでしたし、実験に夢中になると食事もいいかげんになり、そのことで友人たちにたしなめられたりしていたのです。このこともまた、彼らが事実から目をそむける口実になってしまいました。

しかも運が悪かったのは、夫妻の生前に症状の重かったのはピエールで、しかし彼の直接の死因は交通事故だったことです。死の半年ほど前に、ピエールは二人の体調について、友人に次のように書き送っています。

体調は、よくも悪くもありません。ですが、すぐつかれ、仕事をするのに、もうわずかな力しかないのです。逆に妻は、子どもたちに、セーヴルの学校に、実験室にと、ひじょうに活発に動いています。一分たりともむだにせず、私よりもはるかに規則正しく実験室のようすに気をくばり、そこで一日の大半をすごしています。(『伝記』、三三七頁)

これは夫妻の健康状態の正確な描写なのでしょうか。それとも絶え間ない疲労がピエールに見せた、多少の誇張が混じった判断なのでしょうか。今となっては確かめようがありません。

ただ、放射線は人によってその作用にかなりの違いがあり、同じ作業をしても同じ障害が出るとは限りません。ですからこれは私の推論に過ぎないのですが、この時点でマリーの方が元気だったのは、彼女が不本意ながらもピエールとは異なり、三度ほど実験室から完全に離れる期間があったからではないかと思います。つまり二度の出産と一度の流産です。このときばかりは、彼女といえども床に就かざるを得ませんでした。これが結果として、放射線から離れる期間となり、マリーを守ってくれたのではないでしょうか。

しかしピエール亡き後の長い時間を、マリーはろくな防御もなしに放射性物質を扱い続けます。それでも、当時としては若死にでもない六十六歳まで生きたのですから、やはりマリーは放射線に対する耐性が、普通の人よりずっと強かったのかもしれません。

おまけにカトリックの信仰を捨てたマリーは、その強い信仰を、科学に向けたといってもいいようなところがありました。合理主義者として息子の墓にも行かなかったキュリー医師の息子だったピエールも、似たようなものです。つまり二人は、科学の殉教者となることに、陶酔にも似た感情を持っていました。夫妻は科学研究には犠牲がつきもので、科学者はそのことに文句を言うべきでないという、マゾヒスティックとも言える信念を持っていたのです。

広がる犠牲者

マリーの体質とこうした研究態度のせいで、イレーヌもまた、母と意見を同じくすることになります。こうして放射性物質の危険性を軽視する点で、三代のラジウム研究所長（イレーヌは三代目所長。二代目は、ピエールの生前からマリーと一緒に研究してきたアンドレ・ドゥビエルヌで、生涯マリーに忠誠を尽くした）の方針が一致していたため、彼女たちの発見した物質は、すでにこの二人の生前に、多数の犠牲者を出すことになりました。

たとえばマリーは一九二一年に、ミッシー・メロニーというアメリカ人女性ジャーナリストの誘いでアメリカを訪問していますが、このときすでに、この国の時計工場で恐るべきことが起きはじめていました。ラジウムを蛍光塗料に混ぜると暗闇でも光るという性質を持っていたので、ちょうど現在の時計の文字盤に蛍光塗料が塗ってあるように、当時はラジウム入りの塗料で時計の文字を書くことがはやったのです。しかも筆をとがらせるために、職人たちは筆先を舌で舐めて使っていました。ぞっとするような話です。これらの職人たちの多くは、顎の癌に冒されて亡くなることになります。

一九二三年には、ラジウム発見二十五周年記念式典がソルボンヌ大学で華々しく行われましたが、この儀式のスポンサーは、いわゆる放射線治療であるラジウム療法に貢献したキュリー財団です。フランスでもアメリカでも、マリーの名声は、「癌を征服したラジウムの発見者」という部分がいちばん大きかったのです。この前年にはパリの医学アカデミーが、かつてマリーを拒絶した科学アカデミーに対する非難決議と共に、彼女を准会員に選出しました。「准」ではありますが、もちろんこのアカデミーで初めての女性会員です。当時のフランスでは、いわゆる科学者より医者の方が、マリーを尊敬していたということでしょうか。ともあれこれは大変な名誉でした。

しかしこの間にも、次々と病人や死者が出ていました。放射能研究者はもちろんのことですが、時計工場だけでなく、病院でも異変が起きていました。ラジウム療法に関わる医療関係者や患者が、斃れはじめていたのです。またマリーの発見ではありませんが、X線を扱うレントゲン技師で体の不調を訴える者が続出しました。この中には、第一次大戦でマリーやイレーヌと共に戦場で働いた女性たちも含まれています。

マリーの知り合いだけでも、一九二〇年代から三〇年代にかけて、かなりの犠牲者が出ていたのです。たとえばラジウムを医薬品に添加する仕事をしていたアルトワ、キュリー夫妻時代からの助手のドムニトロー、マリーの個人的助手ドラマンデールらが、次々と白血病や貧血のために若い命を落としました。あとに述べる日本人留学生、山田延男も、この時期の放射線の犠牲者です。彼はラジウム研究所で二十七歳からの二年間を過ごし、帰国後すぐに体調を崩し、三十一歳の若さで世を去ります。親族たちは、「延男は奇病で死んだ」と語り伝えたそうです。

マリーの死後の話ですが、彼女の後輩に当たるポーランド人女性科学者コテルの症状は、私たちに、ヒロシマやナガサキでの被爆者の症状を思い出させます。彼女はあるときからどんどん毛髪が抜けはじめ、ひどい胃炎に襲われます。結局コテルも、この数年後に亡くなりました。

両大戦の間に、一人のアメリカ人女性がついに立ち上がります。ニュージャージーの時計工場で働いていたマーガレット・カーロウが、一九二五年に雇い主のU・S・ラジウム社を健康被害で訴えたのです。会社は否定しましたが、調査官は最終的に病気とラジウムとの因果関係を認めたのです。このあたりから、放射線についての人々の認識が少しずつ変わりはじめます。ただ、くり返しになりますが「癌に効く薬」というラジウムのイメージはあまりにも強烈で、このあともかなり長い間、正式に認可された「放射性」入浴剤や歯磨き粉、クリーム、チョコレートなどが、健康に良いというふれこみで、巷で売られ続けました。ですから、この時期いったいどれほどの人が被曝して病に斃れたのかは、本当のところまったく分かりません。

甘く見積もられた危険性

マリーはしかし、自分が発見したラジウムの危険性については、なかなか認めようとはしませんでした。まったく危険がないとは言いませんでしたが、それを非常に甘く見積もりがちでした。それにラジウム研究所は、とにもかくにも排気設備がありましたし、放射線源は素手ではなくピンセットで触るよう指示されていました。当時としてはそれでも大したものでした。しかも職員には血液検査が課されていました。ただ、それで異常が出ても、マリーは彼らに短期の休暇を与え、「山の新鮮な空気を吸っていらっしゃい」と言うのが常で、それで健康を取り戻せると信じていたのです。イレーヌの赤血球数が減少したときですら、バカンスで山に行ってスキーでもすればよくなると考えていたのですから。

あとに述べるリーゼ・マイトナーやオットー・ハーンの研究所では、理由は人体のためというより、むしろ計器のためだったのですが、放射線に対してもっと厳格な防御がなされていました（それでも、今の基準では完全にアウトです）。そのおかげかどうかわかりませんが、この二人は共に、八十歳代後半まで生きました。

ただしマリーは、それが病死であれ事故死であれ、亡くなった弟子の遺族に対しては非常に親切でした。彼女は夫や娘を失った人々のために、物心両面で可能な限り援助をしました。ラジウム研究所には特に留学生が多かったのですが、外国人の遺族にもきちんと悔やみ状を書いて、故人の業績を讃えることを忘れませんでした。前記の山田延男の妻に対してもそうですが、日本から死亡の報告を受け取ると、キュリー母娘はすぐさま山田の未亡人と上司をなぐさめる手紙をしたため、それは日本側の関係者を深く感動させました。それにしても、ずいぶんと多くの若者が不審な死に方をしたにもかかわらず、彼らの死因と放射線の関係を追及しようとはしなかったのです。

ラジウムとポロニウムは、マリーとピエールが大胆な発想と多大な苦心の末に生み出した、大切な大切な子供たちでした。しかもこの子供たちは、人類を癌から救う救世主でもあるのです。その彼らが、同時に悪魔か殺人鬼などということがあり得るでしょうか。多少の害はあるかもしれない。けれど扱う人が注意すれば大丈夫なのだ。自分はこうして無事なのだから。もしそれがそんなに危険なら、自分こそがとっくの昔に死んでいるだろう。それに弟子だって、元気な者の方が多いではないか。たぶんマリーはこんなふうに考えて、自分を納得させていたのでしょう。

「薬は毒」

こうして「薬は毒」という古くから知られた真実を、マリーは最後まで公に認めることはありませんでした。マリーは、自分の娘たちについては決してそういう態度はとりませんでしたが、ことラジウムとポロニウムという子供たちの「悪さ」に関しては、伝記作家のジルーが言うように、「栄光と愛情に包まれてはいるが、気が向けば殺人犯にもなる息子を持った母親のように」（フランソワーズ・ジルー『マリー・キュリー』、三〇一頁、新潮社、一九八四年）振る舞いました。つまり、「うちの子に限って」と言い張りつづけたのです。

現在では、放射能を取り扱う者には、定期的な血液検査や放射線被曝線量の測定といったことが、厳格に義務づけられています。しかしいくら規則を作っても、常に守られるとは限りません。一九九九年に東海村で起きたＪＣＯの悲惨な事故のことを、記憶にとどめている人はまだたくさんいると思います。あの時は放射性物質をバケツに入れて運搬するという、恐るべきずさんな行為が「裏マニュアル」によって容認されていました。

そして事故というものは、こんな明らかなインチキがなくても起こります。二〇一一年三月十一日の、東日本大震災による福島の原発事故は、日本人に、いえ、世界中の人々にとって、決して忘れてはならない事件です。フクシマは、ヒロシマ、ナガサキと並んで国際語になってしまいました。自然は常に「想定外」の存在であり、それを完全にコントロールできると思った瞬間、私たちは地獄への第一歩を踏み出しているのです。じつにマリーの「息子」は、取り扱いのやっかいな子供です。

ラジウムが医療に使われることは、今はほとんどありませんが、放射性物質、放射線は、現在では癌の早期発見、癌治療、医療器具の滅菌などに必須のものとして使用され、多くの人命を救っています。さらには自動車産業を含む多くの産業でも、有効利用されています。マリーの「息子」の才能が本物であることは事実ですが、時に殺人鬼ともなるこの子については、常に厳重な監視が必要です。

そして私たちは考えるべきでしょう。ほかにもいろいろな「恐るべき子供たち」がいるかもしれないことを。たぶんその代表は、「薬は毒」の言葉どおり、医薬品でしょう。あなたのその「疲労」は、本当に働き過ぎのせいでしょうか。もしかしたらそれは、誰かの新たな「子供」のせいかもしれません。その対象がなんであれ、溺愛は常に禁物なのです。

12　アインシュタインの妻

恋に落ちた留学生

アルベルト・アインシュタインはキュリー夫人を、「栄光ある地位を得ても堕落することのなかった唯一の人物」と評しました。彼らはしばしば科学関係の会合で顔をあわせ、純粋科学についてだけでなく、科学と世界平和についても、議論を交わした仲でした。

このアインシュタインの最初の妻が、キュリー夫人と同じく、科学を学ぶために東ヨーロッパから西に留学してきた女性だったことは、あまり知られていません。この章では、アインシュタインの輝かしい業績と経歴の陰に消えたミレヴァ・マリッチ・アインシュタインをとりあげます。彼女はマリーを知っていたのでしょうか。なぜ彼女は、相対性理論の歴史の中に登場しないのでしょう。

ミレヴァ・マリッチは一八七五年に、オーストリア・ハンガリー帝国に住む少数民族のセルビア人として生を享けます。マリーと同じ「国のない」民族です。そこにいる限り、やはりマリー同様、高等教育を受ける機会はありません。成績のよかったミレヴァは、医学を学ぶために西の大学に向かいます。ここまでは、まるでマリーの双子の姉妹のようです。ただし、ミレヴァが選んだ国はスイスでした。

彼女は最初、チューリッヒ大学医学部に入学しますが、物理学に心を惹かれるようになり、連邦工業専門学校に転校します。そしてこの学校で、運命の男性アルベルト・アインシュタインに出会います。ミレヴァ二十二歳、アルベルト十八歳のときでした。ミレヴァはマリー同様、卒業後はふるさとに戻る予定でしたから、アルベルトのような外国人（彼はドイツ国籍のユダヤ人です）との恋愛は考えてもいなかったでしょう。しかしアルベルトの積極的なアプローチに、いつしかミレヴァは、この天才を秘めた生意気な若者を愛するようになります。おたがいに、愛する異性と科学の話ができるような関係が持てるとは（特にアルベルトは）夢にも思っていなかっただけに、二人はこの恋に夢中になります。

ピエールと違って恋多き男であったアルベルトは、用心深い人間ではありません。ミレヴァもまたマリーと違い、たとえ相手が愛する人であっても、いやなときには毅然と「ノー」が言えるような娘ではありませんでした。もっとも、だからこそアルベルトはミレヴァに惹かれたのでしょう。ミレヴァは学生のまま妊娠してしまいます。アルベルトは驚きますが、もともと結婚を意識した関係だったので、そのための準備、つまり職をさがそうと思い立ちました。

アインシュタインの家族

ところがこの事態に、アルベルトの家族、特に母親が怒り狂います。もともと彼女は、この交際に反対でした。第一の理由は民族問題です。ドイツでは、セルビア人は差別されていました。自身がユダヤ人として差別されていたにもかかわらず、アルベルトの母はこの「ドイツ的」価値観を共有していました。ですから、セルビアの女など問題外です。しかもミレヴァは足に障害を抱えていました。それは風土病なのですが、彼女は歩くときに足をひきずります。ミレヴァの外見も気に入りません。彼女はどちらかというと「いかつい」感じで、どう贔屓目《ひいきめ》に見ても「美人」ではありません。さらにミレヴァは、アルベルトより年上です。ここに「科学を学ぶ女子学生」という要素が加わりますから、母から見れば、息子の妻としての役割にふさわしくない女です。アルベルトがいちばん求めていたところの、「自分の科学の話を理解してくれる女性」という点は、母から見れば美点ではなく最悪の要素でした。

家族のこうした態度に前から業を煮やしていたアルベルトは、ついに堪忍袋の緒を切らします。彼は両親の反対を押し切ってミレヴァと結婚するのです。ただ、ここにはある譲歩がつきます。というのも、心の底ではアルベルトは、自分の家族、特に母親に頼りきっていたからです。二千年以上にもわたって、国を持たない運命を強いられてきたユダヤ人の複雑な歴史は、ポーランドやセルビアとは比較できません。その上、異教徒と罵りながらも、キリスト教世界はそのじつずっと、ユダヤの金をあてにしてきたのです。ユダヤなしでは何も動きません。これが歴史の真実です。そしてポーランド人同様、ユダヤ人も（全員ではありませんが）、ユダヤ教の信仰と（主に聖典の範囲でのことですが）ヘブライ語、つまり「信仰と言葉」を守り抜きました。

ですから、スクォドフスキ家の団結力が強かったように、じつはアインシュタイン家のメンバーも、離れられない絆で結ばれていました。二つの家の違いは（これは大きな違いですが）、前者がそのことに自覚的で、互いに深い愛情で結ばれていたのに対し、後者はそのことが表面上は意識されず、皆の心の奥に愛憎が渦巻いていたことでした。ここには聖書の時代から続く、どうしようもない歴史の矛盾が存在していました。アルベルトとミレヴァは、この恐ろしい歴史の渦に直面させられたのです。

ミレヴァの母性

二十世紀の終わりになって、ミレヴァとアルベルトの間に交わされたラヴレターが見つかって出版されましたが、それを読むと、この時期のアルベルトの混乱した精神状態がよくわかります。彼がミレヴァを愛していたのは確かです。でも、この恋はある意味では、家族に対する挑発行為でした。つまり彼は、わざわざ「母親の気に入らない女」を選んだのです。アルベルトは小さい頃から、自分の家庭の閉鎖性に息が詰まりそうでした。権威的な母親は、まさにその中心的存在です。

しかも彼の回想録を読むとよくわかりますが、学校はこの天才少年をもてあましていました。頭はともかく、性格的にはまったく優等生タイプではなかったので（この点はマリーと正反対です）、彼は教師に叱られてばかりいました。彼はどこにいっても、「自分の真価が認められていない」と不満だったのです。それでも「ユダヤ人は自分たちだけが頼りだ」という、幼い頃から叩き込まれてきた不文律は、心の奥深くまで刻み込まれていました。そう思ってしまいそうな自分もいやでした。そこにミレヴァが現われたのです。

アルベルトにとって、ミレヴァは救い主に見えました。母親とは全然違う、引っ込み思案で思慮深い性格。彼の才能を理解し、姉さん女房的に優しく包んでくれる彼女は、アルベルトが求めていた「母性」でした。ではミレヴァにとってのアルベルトの魅力とは、何だったのでしょう。それはたぶん、この才能あるハンサムな年下の青年に、「強く必要とされている」という事態でしょうか。教師から見ればアルベルトは厄介な生徒ですが、一人の人間としてみれば面白い魅力的な人間です。彼のラヴレターを読めばわかりますが、アルベルトは確かにエゴイストですが、それを補うユーモアの持ち主で、さらに真の芸術家（アルベルトはバイオリンの名手でした）だけが持つ繊細さと高い美意識を兼ね具えていました。

マリー宛てのピエールのラヴレターと比べると、その差は歴然としています。ピエールの手紙は誠実そのものですが、面白味はありません。アルベルトの手紙は起伏に富み、笑ったり、どきどきはらさせられたりします。つまりアルベルトは、女の人が「困った人ねえ」とつい言いたくなるような「かわいい」男なのです。でも当然ですが、「困った」男でもあります。自分の女性性に自信のなかったミレヴァは、まさにアルベルトのそういうところに惹かれたのでしょう。

「そこそこ」の美人という条件

先にも述べましたが、ミレヴァは障害者であり不美人です。これだけでも当時の女性としては大きなハンディです。しかも少数民族のセルビア人として、差別される存在です。ポーランド人のマリーとは、ここが大きな違いです。過去の栄光を持つポーランド人が受ける「西」からの敬意は、セルビア人のそれとは比較できません。ミレヴァはマリーほどには、祖国について留学先で誇れないのです。しかもマリーは健康で、美人といえなくもありません。すぐ上の姉のヘラがすばらしい美人だったので、マリーは主観的には、自分の外見はたいしたことないと思っていたかもしれませんが、少なくとも第三者に「不細工」と言われたことはないと思います。

その上パリでは、白に近い薄い色の細い金髪と、抜けるような白い肌（ポーランドでは珍しくないものですが）のマリーは、エキゾチックな存在です。フランス人男性にとって、これだけでもマリーは何割増しか美人に見えます。さらに彼女は小柄で華奢《きゃしゃ》です。じつは健康体でしたが、一見「女らしい、弱々しい」印象を与えます。これは十九世紀の理想の女性像です。ピエールがお気に入りのマリーの写真を、「とてもお利口で小さくてかわいい女子学生さん」と呼んでいたと先に書きま

マリー・キュリー

したが、もしマリーがいかつい大女だったら、こういう表現はしなかったと思います。

さらに言うならば、この「そこそこ」の美人という「そこそこ」が、マリーの幸運だったと思います。彼女がもし、次女のエーヴほどのすばらしい美女だったら、群がる男子学生のために、ソルボンヌでの学生生活がわずらわしいものになったでしょう。また美貌が邪魔をして、その意見を科学界でまじめにとりあってもらえない事態も起きたかもしれません。マスコミの扱いももっと過剰になっていたと思います。根深いコンプレックスを持つほど「不美人」でもなく、研究の邪魔になるほどの美貌でもなく、「そこそこ」の美人だったマリーは、女性の見かけばかりが重視されるジェンダー・バイアスのかかった社会で出世するには、最適の条件を備えていたのです。

でも、ミレヴァはそうではありませんでした。ミレヴァは足のことで小さい頃からコンプレックスがありましたし、「女らしさ」の少ない外見にも引け目がありました。そのせいで、目立つことは嫌いでしたし、先生に逆らったりしない「いい子」になるよう努めました。彼女が科学の世界に惹かれたのも、科学はそんな自分を差別しないところのように思えたからかもしれません。だからこそ、優秀かつ強引、傍若無人で自信満々（に見えた）のアルベルトの魅力には、抗い難かったのです。

潰されたキャリア

しかしアルベルトの母は、そんなミレヴァの弱みを一瞬で見抜きます。そしていつまでもそこを攻撃し続けるのです。「大学教員の妻にふさわしい身づくろいもできない」といった類の姑《しゅうとめ》の発言に、ミレヴァは深く傷つきますが、優等生の少女は、これに強く反論したりしません。できないのです。代わりにアルベルトが怒りまくるわけですが、しかしそれはアルベルトの怒りであり、母への甘えを含んだものでしかなく、本当の意味でミレヴァの怒りを代弁したものではありません。ミレヴァは怒りを出せない、いえ、それを自分自身に認められない女性なのです。ここがマリーとの決定的な違いです。

けっきょく結婚前の妊娠・出産という事態は、ミレヴァのキャリアを潰してしまいます。生まれた女の子は里子に出されますが、これは彼女の心に、一生消えない傷跡を残しました。そしてこのあと学業を完遂することはできませんでした。彼女は学校を中退して、アルベルト・アインシュタイン夫人となります。アルベルトは、アインシュタイン（ドイツ語で「一つの石」という意味）という名字は、自分たち二人のようなものだ。科学を解する自分たちは二人で一つなのだと豪語します。しかししょせん二つの石は二つの石です。一つにはなれないのです。二人の人間が一つに見えるとしたら、どちらかが自分を捨てているか抑圧しているだけです。

こうして自分のキャリアを捨てたアインシュタイン夫人は、かつての自分の夢の分も夫に期待します。彼の理論が理解できるだけに、彼を支援したいと思うのです。こういうミレヴァは、まさにアルベルトにとって、ヴァージニア・ウルフの言う「男性を二倍に見せる鏡」です。アルベルトの才能は開花します。彼は妻に自分のアイデアを語りながら、その中でさらに新しいアイデアを思いつき、ミレヴァが想像もできなかったほどの力で、科学の世界を変貌させる理論を築き上げます。$E=mc^2$（E

は工ネルギー、mは質量、cは光速）が含まれる、一九〇五年に出版された歴史的論文は、新婚二年目のものです。しかしミレヴァには、二倍どころか等身大に映してくれる鏡もありません。彼女はますます小さくなっていきます。

新婚のころは夫妻で共同研究をしたり、別の科学者といっしょに実験物理学の装置を考案したりして、ミレヴァは何とか「科学研究」を続けていたのですが、二人の男の子が生まれ、子育てに追われる中で、科学に費やすことのできる時間はどんどん減ってゆきます。さらに、アルベルトがミレヴァに科学の話をしてくれることも、稀になっていきます。それはミレヴァにとって、とてもつらいことでした。

じつはこのころミレヴァは、マリー・キュリーと出会っているのです。二度目のノーベル賞を受賞したマリーは科学界の著名人で、国際会議でアルベルトと親しくなったのでした。彼はマリーの家族を自宅に招き、そこでこの「東」から来た二人の女性は知己になります。マリーは自分の後輩にあたるミレヴァを気に入り、素朴な自然を愛した二人の間には、親しい感情が生まれたと言われます。ただ、エーヴの伝記からわかるのは、彼女と姉イレーヌが、「不思議なことをいう面白いおじさん」であるアルベルトには強烈な印象を受けたのに、ミレヴァのことはあまり覚えていないということです。そう、ミレヴァはどこまでも控えめな女性でした。

たしかにミレヴァは、キュリー夫人に好印象を与えたようです。マリーはアルベルトの才能も高く評価し、最後までこの生意気な科学者を擁護し続けました。マリーの方が、この学問的な男女を気に入ったのは本当だと思います。しかしミレヴァの本当の気持ちはどうだったのでしょう。同じような条件の下で「西」に留学してきた二人の女学生だったはずなのに、今や片方は世界に名だたる科学者で、自分はただの「アルベルト・アインシュタイン夫人」なのです。おまけにアルベルトは、キュリー夫人の次女の美少女エーヴに首ったけです。誰が見ても、科学に興味を持っているのは姉のイレーヌだというのに、です。しかも母のマリーはこのことが自慢で、その気持ちを隠そうともしません。記録がないので何もわかりませんが、マリーの気持ちとミレヴァのそれを、同じレベルで比較するのは無理でしょう。

離婚、そして死まで

こうしてだんだん学界で認められだしたアルベルトは、かつての学校教育で受けた教師からの侮辱（と彼が思っていたもの）をはね返すかのように、よりよいポストを求めはじめます。ミレヴァはスイスが好きなのに、アルベルトはこの国を出ると言いだしたのです。一九一一年のことでした。このあたりから、夫婦の間にはっきりと亀裂が走ります。

もともとアルベルトには逃避癖がありました。科学の世界も、彼にとってはわずらわしい人間社会から自分を解き放ってくれる逃げ場でした。彼は、きちんと妻に向き合うことから逃避します。そのうえアルベルトの親族は相変わらずミレヴァに冷たく、離婚して出戻りになっている従妹のエルザと、アルベルトが接近することを止めようともしません。結局アルベルトは、ユダヤ人であることを選択します。彼はエルザを選び、アインシュタイン夫妻は離婚します。

アルベルトはしかし、ミレヴァの貢献を忘れたわけではありませんでした。それに息子たちのこともあります。彼は一九二二年度のノーベル物理学賞の賞金を、前妻への慰謝料とします。ただ、アルベルトはエルザとの再婚で、ユダヤ人として古巣に戻って心が落ち着いたわけでもありませんでした。彼は最後まで、女性関係でもめ続けたと言われています。アルベルトもまた、女性にユートピアを求め続けたのでしょう。けれども男女を問わず、人間にそれを求めるのは無理な話です。

ただし、ユダヤ人という側面では、ナチスのユダヤ人迫害のためにドイツを追われてアメリカに渡り、原爆の悲劇を目《ま》の当たりにした後は、むしろユダヤ人問題について積極的に発言するようになります。アインシュタインの遺品を管理しているのも、イスラエルのヘブライ大学です。

スイスにいたミレヴァは、ユダヤ人の血を引く息子を育てていましたが、この国の永世中立という政策のおかげで迫害をのがれました。しかし大きな悲劇に見舞われていたのです。ちょうど感受性の強い時期に両親の離婚を経験した次男のエデュアルドは、父から芸術家としての才を受け継いでもいた繊細な少年でした。彼はだんだん心が不安定になり、最後には重度の精神障害になってしまいます。ミレヴァはなんとか自宅介護で乗り切ろうとしましたが、結局、暴力を振るうようになった息子を、たびたび精神病院に入れざるを得ませんでした。

父親のアルベルトはアメリカです。長男のハンス＝アルベルトは、父の反対を押し切って工学部に進んだために父とは不仲でしたが、やはりアメリカに行ってしまいました。ミレヴァは一人で、エデュアルドの問題と向き合わねばなりませんでした。彼女は「かしこそうで物静かで寂しそうなおばあさん」という印象を近所の人に残して、一九四八年に世を去ります。最期まで次男のことを気にかけていました。

こうしてミレヴァは、「科学で生計を立てる」ことなく、その生涯を終えました。後にアインシュタインの遺品の中から、投函されなかった一通の手紙が発見されました。それは、「ユダヤ人以外の女性との結婚を親に反対されている」ユダヤ人男子学生に宛てたものです。アルベルトはそこで、「民族差別には反対だが、両親の反対を押し切って結婚するのは、相手の女性を幸せにすることにならないかもしれない」という主旨のことを述べています。これを書いたとき彼は、若き日の希望に燃えた女子学生だったミレヴァのことを思い出したでしょうか。それともいまだに精神病院から父を責め続け、同時に父の愛を求め続けるエデュアルドのことを思ったでしょうか。

なぜアルベルトはこれを投函せず、また破棄することもしなかったのでしょう。民族問題は根の深い問題です。それを無視したり、そこから逃げても決して解決できません。しかしそれを問い続けるのは、長く、忍耐の必要な作業です。マリーも、ミレヴァも、アルベルトも、これに悩み続けました。今でも多くの人々が悩み続けています。

13 リーゼ・マイトナーの奪われた栄光

忘れられた「原爆の母」

ノーベル賞作家であり、日本でも小説『大地』で有名なパール・バックが、一九五九年に発表した『神の火を制御せよ』という小説が、最近翻訳されました（径書房、二〇〇七年）。これはアメリカの原子爆弾製造計画（マンハッタン計画）を題材にしたフィクションで、そこに、本当のマンハッタン計画には絶対に存在しえなかった魅力的な人物――ひとりの女性物理学者――が登場します。監修者の丸田浩は、この本の解説で、パール・バックは、当時アメリカで「原爆の母」として有名だったリーゼ・マイトナーに強いインスピレーションをうけて、このヒロインを創造したと推測しています。リーゼはかつてアインシュタインから、「ドイツのキュリー夫人」とまで称された人物です。しかし今日、彼女の名を知る人は少数だと思います。なぜキュリー夫人はいまだに世界的な名声を博しているのに、リーゼはそうでないのでしょう。

じつはリーゼは、マリーと比較されただけではありません。むしろ当時は、マリーの長女であるイレーヌのライバルと見なされていたのです。イレーヌとフレデリックのジョリオ＝キュリー夫妻が、人工放射能の発見をめざして日夜研究に邁進していた一九三〇年代、ドイツでやはり男女のチームが、同じ放射能研究にしのぎを削っていました。これこそがベルリンのリーゼ・マイトナーとオットー・ハーン、フリッツ・シュトラースマンのチームでした。そしてイレーヌたちの人工放射能の研究が、一九三五年度のノーベル化学賞の対象となったように、リーゼたちの核分裂の研究も、一九四四年度のノーベル化学賞を受賞して国際的な評価を受けます。

しかしその授賞式に、リーゼの姿はありませんでした。ノーベル賞委員会は、オットーだけを受賞者と決めたのです。なぜリーゼとフリッツは賞をもらえなかったのでしょう。そもそも、リーゼは一九〇七年以来、オットーと共同研究をしてきたのです。二組のキュリー夫妻同様、共著論文も多数発表しています。ここでもまた、ノーベルが予想もしなかったこの賞の問題点が、浮き彫りになりました。それは、きっとノーベルが最も悲しんだであろう事柄、戦争と民族差別とに深い関わりがあるのです。

裕福なユダヤ人の娘

リーゼ・マイトナーは一八七八年、オーストリアのウィーンに、裕福なユダヤ人家庭の娘として生まれます。ドイツ語圏のユダヤ人という点ではアルベルト・アインシュタインと同じですが、マイトナー家は、ユダヤ教にも民族の風習にもこだわりませんでした。リーゼは長じてプロテスタントの洗礼を受けましたし、ほかの子供たちでカトリックになった者もいます。リーゼの父は高名な弁護士で、この時代のウィーンの上層市民階級に属しているユダヤ人は、特にユダヤ人であることにこだわらなかったのです。

こうしてリーゼは、自分がユダヤ人であることを隠しはしませんでしたが、そのことに対して特別な意識を持たずに育ちました。つまり彼女は、ユダヤ人である自分に引け目を感じはしなかったのです。皮肉なことですが、当初は利点に見えたこの特質こそが、後々リーゼを悲劇の只中に巻き込むことになってしまいます。

リーゼは淑女としての教育を受けますが、同時にその聡明さを両親から賞賛され、上の学校へ行くことにいかなる制約も受けませんでした。マリーも、ミレヴァもそうですが、リーゼの場合も、娘の向学心を支援したのは、リベラルな知識人であった父です。これは分野を問わず、たいていの傑出した女性に見られる特徴です。このことを逆に言えば、母親だけが賛成しても娘の高等教育進学はかなわないという、法的、慣習的事実が、当時厳然として存在したことの証拠でもあります。たぶんこれら高等教育を受けた少女たちの背景に、私たちは知る由もないのですが、母親の応援だけしか得られず、父親の反対のために進学を断念した、数多くの少女たちの存在があったはずです。

逆境の中で

ともあれリーゼは、小学校の頃から自然に対して深い興味を示し、科学を志します。しかし、オーストリアで女子の大学入学が正式に許可されたのは一八九九年であり、リーゼがウィーン大学に入学したのは一九〇一年ですから、この女子学生は「珍獣」扱いされました。ただ、男子学生はともかく、教師たちは「紳士」であり、リーゼを励ましてくれました。

彼女は特に理論物理学者ボルツマンに感銘を受け、「物理学こそが究極の真理を探る学問である」との信念を持つようになります。ただし統計力学を確立したこの高名な教授は、鬱病を患っていたともいわれ、彼女が「不等質の物体における熱伝導」で博士号を取得した翌年の一九〇六年に、自ら命を絶ってしまいます。しかしリーゼは、ボルツマンが教えてくれた理想的な物理学のイメージを生涯持ち続け、彼が見ることのできなかった原子の神秘を解き明かすにあたって、重要な役割を果たしたのです。

師の死は、リーゼにウィーン大学を去ることを促しました。だいたい女性差別のために、ここには科学者リーゼ・マイトナー博士にふさわしいポストがないのです。放射能に興味を抱きはじめていた彼女は、ソルボンヌ大学教授となっていたキュリー夫人の指導を受けたいと打診しますが、断られてしまいます。

後にリーゼは、マリーが自分を拒絶したのは、キュリー研究室のスターはイレーヌ一人で充分であり、自分はこの長女のライバルと見なされたせいで断られたのだ、という趣旨のことを言っています。マリーは認めないでしょうが、私はあり得る話だと思います。マリーも人の子ですから。ともあれ、これが本当なら、少なくともこの時点ですでにリーゼは、あのキュリー夫人が「本物」と認める才能を発揮していたことになります。

こうしてリーゼは、第二候補だったドイツはベルリン大学の、マックス・プランクの研究所に行こうと決心します。二十八歳のときです。この時代、中流階級の二十八歳の独身女性などというのは奇異な存在であり、揶揄の対象ですらありました。しかし両親は、学問のために単身異国に移り住むというこの娘を支持し、励ましを与えました。これこそ、女性にとって最も得がたい宝でした。彼女はこの、幼い頃からとぎれることのなかった「両親の信頼」を人生の核として、その後の逆境を切り抜けていくことになります。

逆境の第一は、ベルリン大学そのものでした。同じドイツ語圏ですが、オーストリアとドイツのプロイセン地方では、女子の高等教育という問題に関する扱いがまったく違っていました。ベルリン大学は、女子学生を認めていなかったのです。リーゼは「例外」としてのみ、プランクの聴講生になれたのです。正規の学生ではありません。ですから他の人の講義を受けることも、実験もできません。

リーゼはベルリンの実験物理学研究所の所長に、実験をさせてほしいと願い出ます。このときなんと、リーゼの研究論文を読んで感銘を受け、共同研究をしたいと申し出た若者が現われたのです。この若者こそ、その後三十年にわたって彼女のよき同僚となり、イレーヌたちを恐れさせたライバルの一人となる化学者、オットー・ハーンでした。彼はカナダでのラザフォードの教え子でもあり、この分野の新進気鋭の化学者でした。しかもすでにカナダで、ハリエット・ブルックスという女性科学者と知己であり、「女性」と「科学者」という組み合わせに違和感を持っていない、珍しい男性でした。

「淑女」という鎖

ひとつ問題がありました。オットーの上司エミール・フィッシャーは、女性が研究所に入ることを好まず、「リーゼが地下に留まって、研究所に姿を現わさない」ことを条件にして、彼女の研究を許可したのです。それだけではありません。この建物には女子トイレがなかったのです。リーゼはトイレに行くたびに、外のレストランに入らなければなりません。これらはとんでもなく面倒かつ屈辱的な条件でしたが、リーゼは受け入れました。オットーとの共同研究の可能性に賭けたのです。そしてこの賭けは、科学の進歩という観点では大成功したのです。

化学者と物理学者、直観的な実験家と系統的な理論家というこの組み合わせは、新しい放射能研究には理想的でした。彼らは共同研究の最初の年からたて続けに共同論文を発表し、学界の注目を浴びます。しかし残念なことに、多くの人はリーゼの性を知ると、彼女を独立した共同研究者ではなく、「オットーのための」研究協力者だと思ってしまいました。このこともまた、ノーベル賞の選考に見えない影響を与える結果となったかもしれません。

ここで、はじめにリーゼが「淑女」としての教育を受けたと、わざわざ断った理由をお話しします。というのもそこには、科学研究をめざす女性を長いあいだ縛ってきた鎖があるからです。リーゼとオットーの共同研究は約三十年ばかり続いたのですが、なんとこの二人は、一度も二人だけで食事をしたことがなかったそうです。どれほど実験が長時間に及んでも、実験室で一緒にサンドイッチをかじったことすらないのです。信じられますか。これが、当時の「淑女」のとるべき態度だったのです。リーゼとオットーは夫婦になりませんでしたから（オットーは一九一三年にエーディット・ユングハウスと結婚し、リーゼは生涯独身でした）、未婚の男女であったときも、独身女性と妻帯の男性という立場になったときも、二人だけで食事をするなど、「育ちの良い」リーゼには問題外でした。

そもそもまともな家の女性は、一人で外出してはならないのです。たとえば『第二の性』で有名なボーヴォワールは、ほぼエーヴと同世代、つまりリーゼよりあとの世代ですが、その彼女ですら貴族の娘として、若い頃はこの規範を強要されます。ですから未婚のマリー・スクォドフスカが、パリの下宿にピエール・キュリーを招いて、二人だけで科学の話に没頭したなどという振る舞いは、本当はあってはならないことでした。そんなことをしていいのは、下層階級の女か娼婦だけでした。しかもこういう階級の女性たちは、まともな教育を受けていません。つまり当時の女性にとっては、「一人で自由に行動する」ことと、「教育を受けること」は両立しない条件だったのです。

マリーが当時の慣習を気にせず、比較的自由に振る舞えたのは、皮肉な話ですが、彼女の家がその身分にふさわしい財産を持たず、またパリという異国の首都で「外国人」として、フランス語という外国語で話をしていたという事情が、深く関わっていると思います。

深窓の令嬢として育ち、同じドイツ語圏のオーストリアからドイツに行ったリーゼには、マリーのような振る舞いはできませんでした。その他の差別に対しても同様です。リーゼは頑固と言われたこともありますが、マリーほどには自分の権利を強く主張しませんでした。被占領国の出身者だったマリーは、自由と市民権の重要性を誰よりもよく知っていましたが、最初からそれが保障されていたリーゼは、さまざまな差別に対して、淑女として振る舞い（つまりたいていはあきらめて受け入れ）、「女らしく」あまり主体的に行動しませんでした。

最初の章でも書きましたが、そもそもマリーの命運はマリー一人のものではないのです。もしマリーが挫折したならば、それはポーランドの挫折でもあります。ロシアは喜ぶでしょう。そう考えるだけでもマリーには耐えられません。しかしリーゼにとって、自分の成功や不成功はもっと個人的な問題です。たぶんナチスのユダヤ人迫害が露骨になるまで、リーゼは「個人的なことは個人的なこと」として、個人と社会、そしてこの社会において自分が女性でありユダヤ人であることの意味を、つきつめて考えたことはなかったと思います。こうしたリーゼのもつ諸条件が、彼女がオットーの助手と勘違いされることを助長し、ひいてはノーベル賞を逃したことの遠因となったのです。

ついにポストを得る

トイレもそうですが、差別の典型的な例はポストの問題です。リーゼがオットーと組んで精力的に論文を発表していたこの時代の、彼女の正式ポストは無給の助手です。一九一〇年の父の死後、家からの仕送りが絶えてはじめて、翌一九一一年にプランクは彼女を有給の助手にしました。オットーはこの間ずっと有給の職にあり、一九〇七年にはベルリン大学の教授資格を獲得しています。科学者としてのリーゼとオットーの実力は対等でしたが、社会的な扱いは大きく違っていました。ただ、この時代のリーゼは自由でした。彼女はさまざまな研究会に出かけ、自分の研究を披露し、また新しい知識を得ることができました。

そしてプロイセン地方も、ついに女性科学者リーゼ・マイトナー博士の実力を認める日が来ます。彼女は一九一三年に、オットーと同じ資格で、最近設立されたカイザー・ヴィルヘルム研究所の正規の研究員に任命されたのです。そのうえなんと、当時オーストリア領であったプラハから、将来教授への道が開けているポストの提供があったのです。もちろん女性には初めてのことです。当時のドイツ文化圏の教授職というのは、今の日本の大学教授などとは比較にならない大きな権力を持った職でした。ですからこれは、ものすごいことなのです。あせった研究所は彼女の昇給を決定し、リーゼはプラハの誘いを断ります。

ちなみに、このカイザー・ヴィルヘルム研究所は、基礎科学研究の充実のために設立されたはずなのですが、このあとすぐに勃発した第一次大戦のために、科学者たちの研究活動は大きく阻害されます。オットーは兵士として戦地に赴かねばならず、リーゼもまたX線従軍看護婦に志願します。フランスではキュリー母娘がX線技師兼教師として、やはり戦場を駆け巡っていました。オットーはこの時、単なる兵士であるだけでなく、ある毒ガス研究所でも働かされていました。第一次大戦こそは、こうした恐ろしい近代兵器が使用された最初の戦争だったのです。当然カイザー・ヴィルヘルム研究所も、軍事研究に従事していました。

プロトアクチニウムの発見

リーゼもオットーも、ドイツ＝オーストリア連合の勝利を信じ、全力を尽くして祖国のために働きましたが、研究の中断は悲しいことでした。そこで可能な限り研究所に行って、自分たちの共同研究を続けました。彼らは当時、元素の周期表のなかで空席になっている、九一番目の元素を発見しようとしていたのです。

一九一八年のはじめ、二人はついにこれを発見し、プロトアクチニウムと命名します。もちろん放射性元素です。研究所はリーゼの功績を認め、彼女は核物理学部の設立をまかされ、当時の女性としては破格の報酬が約束されます。しかし国家は危機に瀕していました。

少し話がそれますが、じつはこのとき、アインシュタインもベルリン大学に所属しており、リーゼとは研究者仲間兼音楽愛好家として親しくしていました。しかし彼は戦争には懐疑的で、ドイツの軍国主義を批判しており、その点は科学者仲間で浮いた存在でした。ミレヴァとの離婚を決意し、エルザや親族と一緒にいることで、よりユダヤ人としての自覚を強くしていたアルベルトは、ドイツの軍国主義の台頭は、自分たちユダヤ人に有利なものではないということを、リーゼよりもはっきりと理解していたのでしょう。結局ドイツとオーストリアはアルベルトの望み通りに敗北し、一九一九年にヴェルサイユ条約が結ばれます。これで大ドイツ帝国が崩壊し、ヴァイマール共和国が成立したのです。

戦後、リーゼとオットーとの共同研究は新しい局面を迎えます。彼女の興味が、放射線であるベータ線とガンマ線の特性に向かい、より物理学的な方向へと変化したからです。オットーとの出会いから、十三年が経っていました。そしてこのころ、プロイセンではようやく女性に教授資格が与えられることになります。オットーに遅れること十五年、一九二二年に、やっとリーゼはこの資格を手にします。こうして彼女は、「自分の」研究室で学生を指導するようになりました。

それだけではありません。リーゼとオットーは一九二四年から二五年にかけて、ノーベル化学賞の候補になったのです。もちろん理由は、二人が発見した新元素プロトアクチニウムの研究です。相変わらずの女性差別はありましたが、一九三三年の秋には、権威あるソルヴェー会議に招聘され、国際的にも超一流の科学者として認められました。このときキュリー母娘と一緒に写っている写真が残っていますが、女性参加者はこの三人だけです。しかしこの年は同時に、ユダヤ人を差別するナチス党の党首ヒットラーが、ドイツの首相になった年でもありました。

孤独な亡命者

ユダヤ人のリーゼは、そして他にもユダヤ人をスタッフとして雇っているカイザー・ヴィルヘルム研究所は、難しい立場に立たされます。オットーはリーゼを守ろうと懸命に努力しますが、組織防衛に必死になる同僚が、一人また一人と増えていきました。所長のフリッツ・ハーバーは、ユダヤ人であることを理由に退職に追い込まれます。ノーベル賞受賞者であるという彼の経歴は、何の役にも立ちませんでした。アインシュタインは、いち早くアメリカに亡命します。

リーゼは、後で後悔することになるのですが、自分の国籍はオーストリアだということで事態を甘く見てしまいます。プロテスタントの信仰もまた、ユダヤ人である自分が置かれている状況判断を誤った理由の一つでしょう。しかもオットーがハーバーのあとを継いで所長となったことが、リーゼのみならず、彼女の友人たちの状況判断を誤らせました。結局、ナチス・ドイツは一九三八年にオーストリアを併合し、リーゼはドイツのユダヤ人になってしまいます。彼女は罪人さながらに職を追われ、迫害は日ましにひどくなります。すぐに逃げなければ命が危うくなることが、誰の目にも明らかになったとき、リーゼは亡命を決意します。

じつに皮肉な話ですが、のちにオットーだけがノーベル賞を受賞することになる核分裂の研究は、この時にこそ生まれた研究でした。一九二九年に新しく研究所に来た若者、フリッツ・シュトラースマンが加わり、一九三四年ごろから、この三人のチームは共同研究を開始します。ウランに中性子を照射することで、人工的な強い元素である超ウラン元素を作ろうとする、エンリコ・フェルミの実験結果に着目し、再び緊密な共同研究をしようとオットーに持ちかけたのは、リーゼの方でした。それはわくわくするような体験でした。彼女たちが、ジョリオ＝キュリー夫妻と激しく競っていたのはこのころです。

それなのに言い出しっぺのリーゼだけが、ユダヤ人であるという理由で、ここを去らなければならないのです。もしもの時にとオットーがくれた、彼の母の形見であるダイヤを隠し持ち、リーゼは逃亡します。家も、仕事も、友人も、お金も、それまでに築いてきたすべてを置いて、スウェーデンに亡命したのです。一九三八年、五十九歳のときでした。

言葉もわからない北の国で、リーゼは孤独に苛《さいな》まれます。オットーたちは命の危険を冒してリーゼのために力を尽くしたのですが、リーゼにすれば、やはり自分だけが除け者にされたという気持ちを、捨てることができません。だいいちストックホルムのノーベル研究所が与えてくれたポストは形ばかりで、実験がまったくできず、科学にすべてを捧げてきた者にとっては悪夢のような日々でした。

リーゼがもっと若ければ、新たに言葉を覚えて皆に融け込むこともできたでしょう。あるいはアメリカまで行って、そこに活路を見出せたかもしれません。しかし彼女にはもう、そこまでの気力も体力も残っていませんでした。わずかな救いは、オットーとフリッツが送ってくれる実験報告と、やはり物理学者となった甥、オットー・ロベルト・フリッシュの訪問でした。

核分裂の発見と証明

この甥がいたときのことです。リーゼは、オットーたちがその意味を理解できなくて困っていた実験結果についての手紙を読んでいました。なんとオットーは、自分とフリッツが中性子をウランに照射したところ、ウランの半分の重さしかないバリウムを発見したと書いてきたのです。しかもそこには、あるはずのない「質量減少」という事態が生じていました。彼らの実験技術の確かさを知っていたリーゼは、その数値に間違いのないことを確信していました。甥のフリッシュと一緒に何日も議論した末、ある日リーゼに閃きが訪れます。ウランはほぼ半分の重さの二つの元素に分裂し、消えた質量はエネルギーに変わったのではないか。アインシュタイン理論が、この可能性を証明してくれるのではないか。一九三八年のクリスマス休暇の時でした。

これこそが、世界初の核分裂の理論的証明でした。ちなみに「核分裂」という言葉は、リーゼとフリッシュの造語です。$E=mc^2$というアインシュタインの数式が、ここに生かされたのです。リーゼはこの発見に感動します。しかしこれこそが、原子爆弾の開発に確実な道筋をつけた発見でもありました。ここに、リーゼが「原爆の母」と呼ばれた理由があるのです。

孤独と、同胞のユダヤ人がなすすべもなく虐殺されてゆくという状況に対する怒りとを抱え、リーゼは戦争の推移を見守るしかありませんでした。ついにナチスは降伏しますが、アメリカと日本の戦争は終わりません。そして甥も参加したマンハッタン計画が、この戦いに決着をつけたとき、リーゼは放射能研究の帰結に愕然とします。

ノーベル賞を獲りそこなう

さらに、太平洋戦争が終わった一九四五年はまた、「核分裂の発見」により、オットーだけが、一九四四年度のノーベル化学賞を受けた年でもあるのです。たしかにリーゼは実験の場にはいませんでした。ノーベル賞は「新しい発見」に対して与えられるので、厳密に言えば、「発見」の場にいなかったリーゼには受賞資格はないのかもしれません。しかし、もしそれが本当の理由なら、今度は、最初から最後まで実験に参加していたフリッツが、なぜ受賞できなかったのかという疑問が生じます。ノーベル委員会の決定は明らかに不公平です。

リーゼは三十年にわたってオットーと共同研究をしてきたのです。核分裂の意味を解明したのは、オットーではなくリーゼなのです。それなのにリーゼは、「オットーの」助手的協力者としてのみ遇されます。それまで何度もノーベル賞の候補になっていたリーゼにとって、これは愉快な話ではありませんでした。

そもそもかつてプロトアクチニウムを発見したとき、オットーはほとんど実験の場にはいなかったのです。彼は第一次大戦で動員されていました。こんどは理由は異なるとはいえ、やはり戦争のためにリーゼが実験の場にいられなかっただけです。あのとき、ほとんどの実験を担当したリーゼは、それでもオットーを論文の共著者にしました。いえ、第一著者にすらしたのです。

それなのにこのとき、オットーはリーゼのためになんの発言もしてくれませんでした。ナチスが降伏する以前なら、ユダヤ人であるリーゼを公式に支持するのはむずかしかったでしょう。しかし戦争は終わったのです。けれども、オットーは沈黙を守りました。リーゼが欲しかったのは賞というより、自分のそれまでの研究が正当に評価されることでした。つまりオットーと対等な科学者として扱われることです。でも、そのことをいちばんよく知っているはずのオットーが、これに協力してくれないのです。

それだけではありません。彼は、科学の分野の縄張り争いを助長する行動すらしました。つまり、この発見は「化学者」のものであり、それがリーゼであれ誰であれ「物理学者」のものではない、と主張したのです。言葉の非常に狭い意味ではそうかもしれません。しかし物理学者だったジョリオ＝キュリー夫妻は、彼らの有名なライバルではなかったのでしょうか。たしかに核分裂の発見では、この夫妻はドイツのチームに遅れをとりましたが、夫のフレデリックが連鎖反応を予言したのは、誰もが知るところです。フランスの科学アカデミーは、彼を「物理学部門」の会員と規定しています。それまでのいろいろな事情を考えると、これを「化学者だけの発見」というのはやはり詭弁です。

リーゼは、物理学を侮辱するようなオットーの態度に驚愕します。彼女の立場からすれば、これは長年の友による信じられない裏切りでした。さらに戦争中のドイツの科学者たちの行動に対する、オットーの言い訳がましい主張にも納得できません。戦争とノーベル賞は、かつては固い絆で結ばれていたこの二人の科学者の間に、生涯消えることのない溝を作りました。

授賞式のために、一九四六年の十二月にスウェーデンに来たオットーと再会したリーゼは、それがどれほど懐かしい再会であろうとも、ナチスに逆らわなかった科学者としてしか、彼を見ることができません。ドイツの科学者はナチスの犯した罪について無罪ではないのだと、彼女は生涯訴え続けました。

名誉は回復されたが

同じ年、リーゼにとって皮肉な話ですが、原爆を作ったアメリカが、この女性科学者を原爆の母として賞賛し、渡米するよう申し入れます。彼女はこれを受け入れ、この年を皮切りに何度かアメリカを訪問し、放射能の平和利用や女性科学者問題など、現代科学のさまざまな問題について講演します。そしてアメリカの女性たちは、かつてマリーを大歓迎したように、この「ドイツのキュリー夫人」を歓待します。パール・バックがリーゼのことを知ったのは、この頃でしょう。科学界もまた、リーゼに再び注目しはじめます。多くの科学者たちは、本人にはまったく責任のないことのためにノーベル賞を獲りそこなったこの優秀な女性科学者に対して、後ろめたい思いを抱いていたのでしょう。

リーゼは戦後、マックス・プランク・メダルをはじめとして、数多くの名誉ある賞を受賞します。特にオットー、フリッツと三人で受賞したアメリカのエンリコ・フェルミ賞は、核分裂の研究が三人の共同成果だったことを、科学界が正式に認めた証拠と言えるでしょう。一九九七年には、一九八二年にドイツ人科学者ミュンツェンベルクが発見した、ビスマスという金属に鉄の同位体を衝突させてできる人工放射性元素に、マイトナーにちなんだ「マイトネリウム」という名がつけられました。少なくとも専門家たちの間では、リーゼは名誉回復を果たしました。

リーゼが第二の祖国としたドイツの、ミュンヘンにあるドイツ博物館に、「栄誉の間」という美しいホールがあります。そこの壁には、古代ギリシャから現代までの有名な科学者の胸像がかかっているのですが、リーゼはここに登場する唯一の女性です。もしリーゼがここに来て、レオナルド・ダ・ヴィンチやコペルニクスと並んでいる自分の姿を見たら、どう思うでしょう。「栄誉」だと思うでしょうか。

最後に、パール・バックの小説に戻りたいと思います。『神の火を制御せよ』のラストで、ヒロインの女性物理学者は、原爆のもたらした悲劇を知って核物理学に見切りをつけ、自分の将来を生物学へと転換させます。このヒロインはリーゼと違ってこのとき二十代後半なので、設定に不自然さはないのですが、もしリーゼが一九四五年にこの年齢だったら、自分の進路を変えたでしょうか。私は、リーゼはやはり物理学にとどまったと思います。ピエールほどではありませんが、リーゼにとっても物理学は、「究極の真理を探る純粋で中立的な学問」であり、若き日にボルツマンから叩き込まれたこの思想こそが、彼女の生きる支えだったのですから。

ただし、これが真理であるかどうかは別の話です。第二次世界大戦以降、戦争と科学の結びつきはますます強固になり、兵器の巧妙さも日々「進化」しています。ピエールやリーゼの理想は、いまこそ再考されるべき時なのです。

14　放射線研究に斃れた日本人留学生

ラジウム研究所への派遣

山田延男（一八九六―一九二七）といわれても、誰のことなのか知らない人がほとんどだと思います。しかも生没年代を見れば明らかですが、この人は三十一歳で亡くなっています。じつはこの青年こそが、パリのラジウム研究所で学んだ最初の日本人科学者です。

延男が生まれたのは明治二十九年。山田家は岐阜の素封家でしたが、官吏という父の仕事の関係で、延男は神戸で生まれます。しかもさらに父の赴任先が、当時日本の植民地であった台湾となり、小学校から旧制中学までを彼の地ですごしました。学校では常に首席で、神童とまで言われました。そのためもあって、このころ台湾の大日本製糖に務めていた沢全雄《さわたけお》という人物が延男に目をかけ、学資などの援助を申し出たと言われています。

延男は、本土で高等教育を受けるために、まず東京高等工業学校（現在の東京工業大学）に入ります。

ついで、工業学校で延男の才能に感銘を受けた化学の教授片山正夫のすすめで、東北帝国大学理学部化学科に入学しました。当時はたとえ延男のような優秀な生徒でも、一高、二高、などと呼ばれたいわゆるナンバー・スクールの出身者でなければ、帝国大学入学はきわめて難しかったのですが、東北帝国大学は例外的に開明的で、傍流の学生を多数受け入れたことで有名です。ちなみに、日本で最初に女子学生を受け入れた帝国大学も東北です。

大学でも抜群の成績だった延男は、卒業してそこの講師となり、さらに上京して東京帝国大学航空研究所の助教授として勤務します。彼は東大出身者ではなかったのですから、これは異例の出世です。このときも、すでに東大教授となっていた恩師片山の強い推薦があったと言われています。この研究所は、日本初の本格的な科学研究所で、スタッフは教育の義務を負わず、研究に専念できました。ただし、軍との強いつながりがあり、基礎研究だけでなく、軍事に役立つことを念頭においた科学研究が推進されていました。つまり、これは富国強兵を願った政府の肝煎りで作られた研究所だったのです。延男はここから、日本政府によってフランスに派遣されます。二十七歳のときでした。

延男はラジウム研究所に行き、所長であったキュリー夫人に師事します。彼は、当時ここの実験助手で博士論文を準備中であった娘のイレーヌの共同研究者となり、主にトリウムとポロニウムから放出される放射線の飛程についての研究を任されます。延男はパリでも、日本でと同様、熱心に研究を続け、その正確な技術と優秀な頭脳は、やはり天才的な実験技術を誇っていたキュリー夫人から、高い評価を受けたと言われています。

命を縮めた研究

このころイレーヌが母に宛てて、「ヤマダが新しい源をつかって、鮮明な写真乾板（ウイルソン霧箱）を撮りました。このまま面倒なことが起こらなければ、結果の様相をみるには、ヤマダが撮ったもので十分でしょう」という手紙を書いていています（マリー&イレーヌ・キュリー『母娘の手紙』、二〇〇二頁、人文書院、一九七五年）。延男の実験の腕は、この母娘にとって信頼できるものだったのでしょう。

しかしこの研究は、延男の命を縮めました。特にマリーが祖国の名をつけた元素ポロニウムは、ラジウム以上に放射能の強い、まさに「悪魔の元素」でした。ほとんど何の防御もせずに、延男はこれらの放射線を浴び続けたのです。一枚だけ、この頃の延男を写した写真が残っているのですが、それはラジウム研究所で実験をしているところです。

ラジウム研究所で実験中の山田延男

これを見た現代の専門家はみな、「こんな軽装では、どれほどの放射線を浴びたことか」という感想をもらしています。

延男はいくつかの単独論文と、イレーヌとの共同論文を書き上げた後、一九二六年に帰国します。すでに健康を損なっていました。帰国直後に失神し、東大病院に入院します。必死で静養に努めますが回復しません。医師にも原因がわからず、一応脳腫瘍という診断名は出たのですが、本当のところはわかりません。それが証拠に、親族たちは「延男は奇病で死んだ」と語り伝えたそうです。

それでも延男は、苦しい闘病生活の中から、イレーヌにむけて一通の手紙を書いています。パリのキュリー研究所古文書館に残されたこの手紙からわかるのは、延男が自分の病気と放射能の関係を疑っていたということです。というのも彼はイレーヌに、フランスで放射性元素から発するエマネーション（放射性の気体）中毒にかかった人の症例が載っている医学雑誌があったら、教えてほしい、自分の症状と比較してみたいと書いているからです。

誇るべき日々

たとえそこでの研究がこの病気の原因だとしても、延男はパリでの日々を誇っていました。キュリー夫人の指導のおかげで、異例の若さで東京帝国大学の理学博士号を取得できたと、誇らしげにイレーヌに報告しているからです。イレーヌもこれには同意したでしょうし、延男の一日も早い回復を願ったでしょう。彼女にとっても、延男との共同研究の成果は、その後の博士号取得やフレデリックとの共同研究に役立ったのですから。

延男はパリでの成果を、日本の将来に役立てるつもりでした。イレーヌへの手紙からは、一日も早く現場復帰がしたいという彼の希望が、ひしひしと伝わってきます。政府もまた、そのために彼を派遺したのです。しかし望みはかなえられませんでした。延男は帰国後、わずか二年足らずで世を去ります。死の数日前に東京帝国大学教授に任命され、従六位を授けられています。それはこの悲劇の科学者に対する、日本政府のせめてもの敬意の証だったのでしょうか。ある雑誌は延男の死を、「科学の妖女と心中した山田助教授」と形容しました。

キュリー夫人もまた、延男の訃報を聞いて深い衝撃を受けます。マリーは自分が貧しい留学生だっただけに、留学生の受け入れに熱心で、彼らに援助を惜しまなかった人でした。マリーは延男の上司の斯波《しば》忠三郎に、イレーヌは未亡人となった山田浪江に、ていねいな悔やみ状を送っています。しかし、たぶんこの母娘は、結局自分たちの命を奪う、その同じ放射能に冒された異国の青年の死を悼んでも、類似の症状で死んだ仲間たちに対してと同様、「彼は働きすぎたのだ」として、それ以上の追及をしなかったのだと思います。

延男の死は国家的な損失でもありましたが、同時に一人の息子、父、夫の喪失でもありました。未亡人となった浪江には三歳の息子、光男が残されます。じつは延男にはもう一人、長女の恵子がいたのですが、彼の渡仏中に三歳で亡くなっています。つまり浪江はこの時点で、二人の家族を失ったのです。光男は現在、九十歳を越えて東京に暮らしています。もちろん父の記憶はありません。しかし定年退職後に、父についての調査をはじめます。じつはここに書いたことの多くは、光男の調査をもとにしたものです。私は光男のインタヴューも行いました。そこからわかったことは、山田延男というこの人物の生涯は、まさに近代日本の、ある局面を象徴しているのだということでした。

近代日本が見た夢

山田延男が生きた時代は、男性に対して広い意味での「立身出世」が求められた時代です。ともかくも四民平等が達成されていましたから、男子と生まれたからには、職業と身分が連動していた江戸時代には決してかなわなかった地位や名誉を、己の才覚によって得ることができるはずでした。ましてや延男のように優秀な少年ならば、この道を夢見たとしてもなんの不思議もありません。じつにエーヴの『キュリー夫人伝』がすぐさま日本で翻訳されたのも、翻訳者や出版社がこれを「女の立身出世物語」だと見なしたからと言われています。つまり、当時の日本では、マリーは典型的な立身出世のモデル・ケースだったのです。

延男を援助した沢全雄はもうひとつ前の世代の人ですが、彼もまた、日本の植民地政策に乗じて一攫千金を狙ったという意味で、近代日本の野心的男性の、ある種の典型です。しかし沢は自分が王道に乗れない身だと思っていました。というのも、沢家は会津藩の出で、明治維新では朝廷と対立した逆賊でした。ですから元家老という由緒ある家柄とはいえ、明治初期には周辺的な存在でした。そのため沢は首都東京ではなく、台湾に活路を求めたと言われています。自らも成功を求めていた沢は、この平民出身の神童山田延男に、教養という側面から自分たち一族を盛り立ててくれる存在としての大きな可能性を見たのでしょう。

ですから延男の経歴には、片山教授だけでなく、沢家の意向も色濃く反映しているのです。まず東京高等工業学校は沢の母校ですし、東北地方は沢家のルーツです。さらに延男の妻となる小野浪江は、沢の姉の娘、つまり姪なのです。そして小野家もまた、維新では朝敵であった南部藩（正式には盛岡藩）の出でした。延男は東北帝国大学の講師に就職するかしないかという若い年齢で、浪江と結婚しています。沢家も小野家も、延男の両親同様、この優秀な若者の将来に自分たちの夢の一端を賭けたのです。

現在では死語になりましたが、その昔は優秀な男の子に向かって、「末は博士か大臣か」と言って、その子に対する期待を表現することがよくありました。延男は博士になりましたが、山田の本家がある岐阜の村では、「長生きしていれば延男は文部大臣になれたのに」と惜しまれたそうです。研究一筋だった科学者の延男がそれを望んだとは思えませんが、こうした期待は、まさに近代日本の見た夢でした。

女の一生

さらに妻であった浪江の生涯もまた、近代日本の帝国主義を支えた女性観と切り離しては考えられません。浪江は、「女は結婚しては夫に仕え、老いては子（息子）に従え」という、男尊女卑の教育を受けて育った人です。彼女は延男との結婚に際して、親や親戚たちから「この人と結婚すれば、帝国大学教授夫人としての安泰な将来が約束されている」と言われたに違いありません。当時の女性にとって、結婚は男の就職と同じです。超エリート科学者の延男を夫にし、長男光男を産んだ時点で、浪江は当時の「勝ち組」女とみなされたでしょう。しかしこのような「男に頼る」生き方が安泰なのは、あくまでその男が元気で、収入が確保されている間だけです。三十一歳でその夫が「奇病」で死んでしまっては、なんにもならないのです。

小さな子供を抱えた未亡人という点では、ピエールを失った時点でのキュリー夫人も同じ境遇ですが、浪江とマリーの置かれた立場には、天と地ほどの違いがあります。遺族年金を支給するというフランス政府に対して、自分と子供の食い扶持《ぶち》は自分で稼ぐとして、マリーは断固これを辞退します。マリーの育った環境では、男でも女でも独立こそが自由への道だということを、子供の頃から思い知らされていました。

浪江の周囲には、浪江の経済的独立について真剣に考えるような雰囲気はありませんでした。同級生や恩師たちが、未亡人と遺児のために基金をつのり、相当な金額が集まりますが、それでも浪江にすれば、「東大教授」の息子である光男に、父の名に恥じないだけの生活や教育環境を保証してやれるものではありません。光男によれば「母は経済的な理由からも」、光男が小学校の三年生のときに再婚したそうです。たとえそれが愛ゆえであっても、「独りになってはしかるべき暮らしが絶対にできない」と思い込んでいる状況では、本当の意味での対等な夫婦関係は持てません。しかも子連れの再婚では、浪江の立場はさらに弱いものになります。

そのうえここで、当時の民法が、光男にとって重荷となります。家制度を法律で規定した旧民法は、家の断絶を許しません。延男に男兄弟がいなかったため、山田家唯一の男子子孫となった光男は、母の再婚によっても山田の姓を変える権利を持ちません（山田家が養子を迎え、光男を廃嫡《はいちゃく》すれば別ですが）。彼は違う名字の人たちの中で、たった一人の「山田」として、その人たちを家族と呼ばねばならないのです。「母は私に、最後まで父の話をしてくれませんでした。再婚家族への気がねがあったのだと思います。父について教えてくれたのは、主に二人の祖母でした」と光男は語ります。

ピエールを失ったマリーもまた、子供たちにほとんど父の話をしなかったのですが、これは子供にとってはつらいことです。でも、母もまたつらかったのでしょう。だからこそ光男は退職して時間ができてから、自分のもうひとつのルーツである父を求めて、単独で調査を開始したのです。これはすばらしいことだと思います。浪江は良い母親だったのだと思います。彼女は息子のこうした行為をやめさせることなく、自分の死後まで光男の心を縛ったりはしなかったのですから。

女性の生き方の変化

浪江は夫の死後の長い人生を、どんな思いで生きたのでしょう。年配の人に浪江の話をすると、「それほどのエリート男性と結婚したような家柄の女性なら、女学校を出ているだろうから、無理に再婚しなくても、小学校の代用教員として生きていけたのでは」と言われることがあります。たしかに制度的には可能かもしれません。これは当時、特別な能力はないけれども多少の教育を受けた未亡人が、後ろ指をさされずに生きてゆける数少ない道の一つでした。それに浪江の最終学歴は宮城県立第一高等女学校という名門校でしたから、資格としては十分です。

しかし、制度があれば誰でもそれを利用できただろうというのは、じつは短絡的な考え方です。「女一人ではちゃんと生きてゆけない」と教育され、心の底からそれを信じてしまったら、どんな制度があっても意味はありません。それは二十一世紀の日本でもおなじことです。それに、代用教員の給与は低いのです。もしも浪江がこの道を選んだとすれば、光男が現実に受けたような高い教育（旧制高校から東京帝国大学）が可能だったかどうかわかりません。仮に可能だったにしても、苦学生としてこの学歴を歩むことになったでしょう。「山田延男の息子をその名にふさわしい環境で育てたい」というのが浪江の強い希望だったとしたら、彼女には再婚以外の道はなかったのでしょう。浪江は息子の可能性を絶対にふさぎたくはなかったのです。

それは母の愛でもありますが、同時に「女の価値はその傍らの男（父、夫、息子）で決まる」という当時のジェンダーを内面化した、浪江自身の価値観の問題でもありました。延男と結婚した時の、両親の家から受けた期待もまた、浪江に経済的妥協を許さなかったのでしょう。要するに延男亡きあと、光男の将来は浪江の将来そのものだったのです。

逆に言えばこれこそが、キュリー夫人の強さの秘密です。彼女は小さい頃から、「自分が」何事かを成し遂げられる人間だと思っていました。さらに一人のポーランド人として、ロシアに対して決して屈してなるものかと、固く心に誓っていたのです。彼女の置かれた状況は、誰かにすがって生きる道などありえないのだと、常に実感させられるものでした。マリーは自分一人の力で、二人の娘にその才能にふさわしい教育を与えられる、という自信を持っていました。マリーとはまったく違った環境に育った浪江に、このような自信を持てと要求するのは無理な話でしょう。

たしかに山田延男は、欧米列強に追いつき追い越そうとした近代日本の流れの中で、志半ばで斃れることになった悲劇の青年科学者です。しかし山田浪江もまた、同じ流れに翻弄された一人の日本人なのです。彼女の生きた明治、大正、昭和は、日本女性の生き方が大きく変わった時代です。光男によれば、戦後の浪江は、（生活上の必要もあったのですが）「労働して賃金を得る女」としての自分を見出したそうです。浪江は、前夫の師であり同じ未亡人であったキュリー夫人を、どう思っていたのでしょう。彼女は、エーヴの書いた伝記を読んだでしょうか。

放射能を帯びたパスポート

光男を妊娠していた浪江に、パリについて間もない延男が送った絵葉書が、浪江の死後に発見されました。それは実験室にいるキュリー夫人の写真絵葉書（なんとマリーは、生前すでに絵葉書になっていたようです）で、「この頃は一週に一度、キュリーの講義を聞いております。年を取っても、なかなか頭は良いようです」と書いたあとに、最近は忙しくて一日の過ぎるのが早く、そう思えるのは幸せだという感想をもらしています。延男の若々しい希望が伝わってくる文面です。浪江は返事を出したのでしょうか。みな今は、お墓の下です。

夫の死後、浪江は先の葉書や延男のパスポートを大切に、しかしこっそりと保管し続けました。というのも、浪江の両親の配慮で「父の奇病が光男にうつってはならない」として、延男がパリから持って帰った書籍や衣類は、延男の死後すべて廃棄されてしまったからです。さらに東京大空襲が、わずかに残っていたものも灰にしてしまいます。

光男が母の遺品の中から見つけた、奇跡的に戦争を生き延びた父のパスポートは、九十年を経た今もなお強い放射能を帯びています。光男によってパリのキュリー研究所古文書館に寄贈された、この小さなパスポートは、ひとつの夫婦の生きた証を、私たちに語りかけてくれます。

15 「偉大な母」の娘たち

正反対の姉妹

二〇〇七年十月二十二日、エーヴ・キュリー・ラブイスがニューヨークで亡くなりました。百二歳でした。母の伝記にして不朽の名作『キュリー夫人伝』を世に出してから六十九年、姉のイレーヌを失ってから五十一年後のことでした。

キュリー夫人の二人の娘を語るとき、一般的にはどうしても、両親の後を継いで科学者になり、やはり夫妻でノーベル賞を受賞したイレーヌ・ジョリオ＝キュリーのことばかりとりあげられがちです。しかし私は、次女のエーヴがとても気になります。じっさい、私たちがキュリー夫人のことをこれほど知るようになったのは、何度も述べたように、エーヴの伝記『キュリー夫人伝』のおかげなのです。

エーヴはピアニストを経てジャーナリストになり、芸能やマスコミの世界で広く活躍しました。第二次大戦中はド・ゴール将軍の指揮下に入り、ロンドンからフランスに向けて、自国民を鼓舞するためのラジオ放送を発信します。それだけではありません。エーヴは戦時特派員として世界をかけめぐり、自身の資格（大統領夫人とかではなく）で、ド・ゴールはもとより、チャーチル、ルーズベルト、トルーマン、周恩来、ガンジーなどと渡り合った世界でただ一人の女性です。彼女はド・ゴールと連携して、これらの政治家にナチスの脅威と世界の平和を訴えました。

　エーヴはこの対独行動のために、なんと時のヴィシー政権によって、フランスの市民権を剥奪されさえしました。終戦後は『パリ・プレス』誌の共同編集長となり、報道の世界の大物となった、当時としては珍しいキャリア・ウーマンです。彼女は語学に秀で、英語はもとより、母の母国語であるポーランド語を完璧にこなした、と言われています。イレーヌにはそこまでの語学力はありませんでした。じつに『キュリー夫人伝』における、スクォドフスキ家や、マリーのポーランドの友人、知人への綿密な取材は、エーヴのこの語学力あってのものです。

　マリーの最期を看取ったのはエーヴであり、母がどれほどポーランド人であることにこだわっていたかを知っていたのも、エーヴです。イレーヌによる母の抄伝と比べれば、その差は明らかです。妹の文学的才能をよく知っていた姉は、自分の領分を科学に限り、その意味でのみ母を語りました。じつにこの姉妹は、なにもかもが正反対と言いたくなるほど違っていました。

　父に似て素朴で、どちらかというと「男っぽい」外見のイレーヌ。スラヴとラテンの要素がエキゾチックに交じり合った、たおやかな美女エーヴ。少女の頃から理科系に秀でた才能を示し、理性をなによりも尊び、両親のあとを継いで科学者になったイレーヌ。芸術家肌で気まぐれ、音楽と文学的才能のあるエーヴ。美男子で共産党員の夫を持ち、祖父ウージェーヌから受けついだ左翼的傾向をもったイレーヌ。ド・ゴールを支持して共産党と対立し、いつも男性に囲まれながらも長らく独身だったエーヴ。科学者との結婚で母同様二児の母親となったイレーヌと、アメリカ人ラブイスとの遅い結婚で子供を生まなかったエーヴ。

この二人はどこまでも噛み合いません。じっさい、母の死後、この姉妹にはあまり深い交流がありませんでした。特にエーヴは結婚後、ニューヨークに居を定め、イレーヌにはすべて事後報告でした。しかし「偉大な母」を通じて、姉妹は心の奥では複雑なつながりを持ち続けました。それはイレーヌの死後も、その娘のエレーヌ・ランジュヴァン・ジョリオに受け継がれたようです。

これは友人のフランス人から聞いた話ですが、エーヴの生前に彼がキュリー夫人の伝記を書くに当たって、孫のエレーヌにインタヴューしたときのことです。彼がインタヴューして何か書こうとするたびに、エレーヌは「叔母のエーヴに許可をとらないと」と、ずいぶん彼女に気を遣っていたそうです。通常のエレーヌの堂々とした態度から考えると、奇妙な話だと友人は言っていました。彼女はたぶん母のイレーヌから、何らかの「恐れ」を受け継いでいるのです。もしかしたら、自分だけが両親の愛をたっぷりと享ける時期を持ったことに対するイレーヌの、後ろめたさかもしれません。

父親の死と祖父の影響

イレーヌが生まれたのは一八九七年、妹のエーヴは一九〇四年。父親のピエールが死んだのは一九〇六年です。当然エーヴに父の記憶はありません。しかもキュリー夫人は単なる寡婦ではありません。ノーベル賞を受賞した偉大な科学者であり、同時に（フランスに帰化したとはいえ）ポーランド人女性でもあります。ピエールこそが、マリーをフランスにつなぎとめた人物でした。それがなければ、彼女はソルボンヌ卒業後に祖国に帰って教師になったでしょう。外国人寡婦として異国に生きる経験というものは、並み大抵のことではありません。さらにピエールの死が事故死ということもあり、まったく心の準備ができていなかったマリーは、子供たちの心の傷を包み込むだけの余裕がありませんでした。「思い出すのがつらいから、母は父の話をほとんどしなかった」と、エーヴが伝記に書き残しています。エーヴはその否定的影響について語りはしませんが、これが子供たちにとってどれほど悲しい経験かは、想像に難くありません。それでも姉のイレーヌには、父方の祖父がいました。

やもめだったピエールの父、ウージェーヌ・キュリーは、イレーヌが赤ん坊の時から、働く母親であるマリーのために子育てを引き受け、この姉娘に大きな影響を与えました。二月革命の闘士で、かつパリ・コミューンの支持者でもあったウージェーヌが、孫娘に左翼思想を植えつけたのもこの頃です。彼は自信を失いがちなイレーヌをはげまし、父を失った悲しみから彼女が立ち直るのを助けます。

しかし残念なことに、ウージェーヌは一九一〇年、エーヴの話し相手になる前に世を去ってしまいます。イレーヌにとってはもちろん、大好きな祖父の死は大打撃ですが、少なくとも彼女は十二歳になっていました。でもエーヴは、まだ六歳なのです。こうしてエーヴは、きちんと向き合ってくれる大人を持たないまま、子供時代を過ごすことになってしまいます。

「母は救いの手を差しのべてくれようとしたが、それでも私の少女時代は、幸福ではなかった」（『伝記』、三八四頁）というエーヴの文章には、私たちの胸を打つものがあります。この伝記はどちらかというと、母を美化しがちな傾向があるのですが、この文章で彼女は、自らに課したその原則を裏切っています。エーヴにはどうしても嘘は書けなかったのでしょう。

幸せでなかった少女時代

だいたいこの姉妹たちは、父の死後かなり長い間、「母も死んでしまうのでは」という恐怖にとりつかれていました。じつに悲しいくり返しですが、結核を病んだ母の娘だったマリー自身もまた、母が発病した四歳の時から十歳でその母を失うまで、母の死の恐怖に怯え続けたのです。

周囲も、大人になったエーヴ本人も、たとえば父や祖父の死などについて、年長であったイレーヌの精神的落ち込みの方を心配していますが、それは逆です。こうした喪失の経験は、事態をきちんと言語化できない年齢で、それに直面せざるを得なかったエーヴにとってのほうが、より深い部分で心の傷になったと考える方が、妥当だと私は思います。「私の子ども時代の、最初の思い出のひとつは、ソー（当時キュリー家のあった場所）の食堂で、気を失って床に倒れている母の姿である――まっ青な顔で、死んだようにぐったりして」（『伝記』、三七五頁）というエーヴの文章は、この幼い少女がどれほどの不安と孤独の中にあったのか、そして当時その不安を、誰とも分かち合えなかったということを、雄弁に物語っています。

「私はあの陰気な晩のことを決して忘れない。毎晩、何度も何度も、十三歳のイレーヌと五歳のエーヴァが［母親の］関心を惹こうとし、気に入られようとする。イレーヌは母親への独占欲がひどく強く、自分の得意な勉強について真剣に話し、エーヴァは小鳥がさえずるような声を出して、大好きな『メ』［マリーのこと］の関心を自分のほうに向かせようとテーブルの周りを動き回っていた」（スーザン・クイン、『マリー・キュリー』2、四一二―四一三頁）という、当時キュリー家に下宿した、マリーの姪が書き残したこの文章は、まさに先のエーヴによる、「幸せでなかった少女時代」という告白を裏付けるものです。

エーヴ・キュリー

「粗野な」イレーヌ、「エレガントな」エーヴ

一九二〇年代と三〇年代を代表する美しきパリジェンヌの一人、と言われたほどの美女で、華やかなマスコミの世界で生きていたエーヴが、なぜ長いあいだ独身だったのか、以前の私にはとても不思議でした。ラブイス以外で彼女の恋愛について書いたものも、見たことがありません。最近はじめてエーヴの伝記が出版され、この疑問がやっと解消されました。それによると、第二次大戦までのエーヴは、既婚未婚とりまぜて、

イレーヌ・キュリー（お茶の水女子大学ジェンダー研究センター所蔵）

芸能界の男性たちとの（一見華やかな）恋愛を経験していたものの、愛についても自分の天職についても、確信を持てないままに日々を送っていたようです。

あまり感情を見せない「偉大な母」と、科学的合理精神の権化のように振る舞う姉の間で、エーヴが愛を求めて外の世界にさすらうのは、当然のことです。しかしこれは、裏を返せばイレーヌの孤独でもあります。七歳という年の離れた姉妹は、だいぶ後になるまで、寡婦となった母を支えて意識的に協力することは不可能でした。ピエールが死んだとき赤ちゃんだったエーヴは、あとあとまでも「赤ちゃん役割」を振り当てられ、反対にイレーヌは、実際の年齢以上に大人ぶることを覚えてしまいます。その外見がピエールに似ていたことも、この傾向を助長し、イレーヌは「ピエール二世」として、この家の「男」になるのです。しかもこうしたことは、すべて無意識のうちに行われてしまいます。この姉妹には、母が自分の兄弟姉妹との間に持てたような、自覚的な強い絆を持つことができません。

エーヴの伝記をきれいごとの本という人もいますが、しかしこの本がフィクションと決定的に違うのは、自分たち姉妹に関する部分に明らかです。きれいごとのヒロインを描くフィクションなら必ず、

「父亡きあとで、姉が妹の面倒をよく見て、母に心配をかけないようにした」といった美談が入るはずです。事実、マリーの子供時代の部分では、母亡きあと、いまや長女となったブローニャが家族の母親代わりになったことが、はっきりと述べられています。だからこそマリーは長じてから、ブローニャの学資のために、今度は自らの時間を捧げるべく、住み込みの家庭教師となったのです。

もしエーヴが、どこまでも母を美化したいだけだったら、父亡きあとのキュリー家における美しい姉妹愛を描き出し、それを可能にしたマリーの、母親としての力量の大きさを強調することもできたはずです。けれどもエーヴは、そんなことはしませんでした。エーヴはその点では、作家として誠実だったのです。この伝記には、キュリー姉妹の親密さをあらわすような場面は一つもありません。この一点からも、やはりエーヴの本は、いまだ文学としての価値を失っていないと思います。

こうして外見をかまわない「粗野な」イレーヌと、「エレガントな」エーヴという対照は、ますます際立つようになります。理性と感情、理系と文系、男役と女役。生物としては雌であるキュリー姉妹たちは、一つの家の中で異なるジェンダー役割を生きることになります。さらに皮肉なのは、ここで実際に「究極の女役割」である出産を経験して「母」になったのは、「男役」のイレーヌの方だったということです。イレーヌの夫のフレデリックが、優秀であるだけでなく、科学界のジェラール・フィリップと言われたほどの美男であったことも、まったくの偶然ではないかもしれません。

妹の美貌といつも比較され、「女らしくない」と陰口を叩かれていたイレーヌは、女性ばかりが外見を問題にされる当時の社会のジェンダー・バイアスを憎んだに違いありません。イレーヌはそうしたことがらを無視するように振る舞いましたが、社会的影響から完全に逃れるのは不可能です。性格的に親友になれた二人ではなかったかもしれませんが、たぶん当時のジェンダー・バイアスは、この姉妹を必要以上に引き離したのです。

それぞれのノーベル賞

エーヴは一九五四年に、アメリカの外交官かつ政治家で、やもめだったヘンリー・ラブイスと結婚します。ヘンリーは後にユニセフの事務局長になり、この組織がノーベル平和賞を受けた一九六五年に、ラブイス夫妻は授賞式に臨みました。こうしてキュリー家の娘たちはみな、ノーベル賞の式典に参加したのです。子供を生まなかったエーヴは、以降ユニセフの重要人物として、世界中の子供たちの人権を守るために活動します。日本人初の国連難民高等弁務官として有名な緒方貞子は、この時期のラブイス夫妻と親交があり、ヘンリーを、強いリーダーシップと責任感のある事務局長だったと絶賛しています。一九八七年の夫の死後も、ユニセフとエーヴの関係は切れません。彼女は老いてもなおこの問題に関心を持ち、人道的な活動を続けました。ちなみに私生活では、ラブイスと先妻との間の孫やひ孫たちに慕われ、エーヴは晩年になってはじめて、落ち着いた「家庭的」な日々をすごしました。

おそらく「子供」というのは、彼女にとって人生のキーワードだったのでしょう。被占領国に生まれ、人権を保障されなかった子供時代を過ごした母の娘は、その意味で確かに、母のある側面を受け継いだのです。それは、ラジウム研究所の直接の後継者となってノーベル化学賞を受賞した姉とは別の、もう一つの伝統の継承でした。

歴史に「もし」はないのですが、それでも私は考えてしまいます。「もしウージェーヌ・キュリーがもう少し長生きしていたら」「もしこの二人が、ともに第二派フェミニズムの時代まで生き延びていたなら」、この姉妹はもっと協力して、何かを生み出すことができたのではないだろうか、と。「あなたのつまらないイレーヌ」と、祖父への手紙に署名したイレーヌに、「お前はつまらないイレーヌなんかじゃない。お前は大きなイレーヌだよ」と返事したウージェーヌおじいさんは、とても立派な大人だと思います。すべての子供たちのそばに、こんな大人がいてくれれば素晴らしいと思うのは、きっと私だけではないでしょう。

16　キュリー帝国の美貌のプリンス

映画スターに比せられた科学者

『悪魔の美しさ』というタイトルの、一九四九年制作のフランス映画をご存知でしょうか。これはゲーテの『ファウスト』を焼きなおした物語で、ファウスト博士にしてマッド・サイエンティストの主人公アンリを演じるのは、「フランス映画界に登場した白馬の騎士」と称された美男スター、ジェラール・フィリップです。悪魔メフィストフェレスとの契約で美貌と若さを得たファウスト博士は、メフィストと協力して悪魔的な科学研究を完成させ、国の中枢部に入り込みます。彼らは国を富ませますが、同時にその国を戦争にも巻き込むのです。ただしファウスト（アンリ）は途中で自分の過ちに気づき、最後には悪魔と手を切り、地位も名誉も捨てて美しいジプシー娘と結ばれます。

当時のフランスでは、このファウスト博士のモデルは、フランス原子力委員会委員長フレデリック・ジョリオ＝キュリーだと噂されました。ジェラール・フィリップよりフレデリックの方が美男だという同僚もいたそうです。この両方の男性をじかに見たというフランス人の友人に、この話をしたところ、「それは誇張でジェラール・フィリップの方が美男だ。だいたいジェラール・フィリップは背が高く、スタイルも抜群だった。フレデリックは美男だけど小男だ」とのことでした。たぶん友人の言うことの方が正しいのでしょう。けれどもそんな噂が立つほどに、フレデリックの美貌が際立っていたのも事実です。

いったいこの時期、ジェラール・フィリップと比べたくなるような男性科学者が他にいたでしょうか。彼こそが、かつてキュリー帝国の姫君をさらったプリンス・コンソート（女王陛下の夫君）と言われた男、つまりキュリー夫人の長女イレーヌ・キュリーと結婚した男です。彼がこの映画のファウスト博士と比べられたのは、何も美男の科学者だったからだけではありません。フレデリックはイレーヌと共に人工放射能を発見し、核分裂の連鎖反応を予言し、原子力が悪用された場合の恐るべき可能性を、早くから示唆していた人物だったからです。

フレデリック・ジョリオ（お茶の水女子大学ジェンダー研究センター所蔵）

「悪魔の美しさ」とは、若返ったファウスト博士（アンリ）の美貌にのみかけられた言葉ではなく、その発明にもかかっている言葉なのです。

キュリー夫人の驚愕

フレデリック・ジョリオは一九〇〇年、パリに生まれました。彼はいちおうブルジョア階級の出身でしたが、両親は左翼思想の持ち主で、幼少時は別ですが、父親の死後はあまり経済的に恵まれていませんでした。科学が好きで、子供の頃からキュリー夫妻を自分の英雄として崇め、部屋に夫妻の写真を貼っていたといわれます。大学進学は経済的に苦しいということで、エンジニアをめざして、学費のかからない物理化学学校に入学したフレデリックは、なんとポール・ランジュヴァンに才能を見出されます。つまり、憧れのピエール・キュリーの孫弟子になったというわけです。ポールはやがて、この才能ある青年をマリー・キュリーに紹介します。こうして彼は、子供の頃から憧れていたキュリー夫人が所長をしている、ラジウム研究所で働くことになります。

マリーは、特に彼だけに目をかけていたというわけでもないのですが、その才能は認めていました。しかしまさか自分の娘が、三歳年下の、しかも学歴も娘より低いこの青年と結婚したいと言い出すなど、夢にも思っていませんでした。

キュリー夫人のいろいろな伝記で、この場面は同じように描かれていますが、とにかくイレーヌはある日、唐突に母に切り出したのです。「私は婚約したわ。相手はフレデリック・ジョリオよ」。マリーは驚愕します。イレーヌはこのときすでに、国家博士号を取得した一人前の科学者でした。年齢は二十八歳ですから全然早婚ではありませんが、長い間この娘を自分の片腕として頼ってきただけに、マリーには「まさかこんなに早く」と感じられたのでしょう。しかし娘の断固たる気性はよく知っています。反対しても無理なことは、母としてよくわかっていました。ただし条件をつけます。それはフレデリックもイレーヌ同様、国家博士号を取得することです。

二つの姓を持つ意味

こうして不承不承認めた二人の結婚ですが、このカップルも、最初のキュリー夫妻同様、世紀の大発見をして、キュリー家に三度目のノーベル賞をもたらすのは、先に述べた通りです。そうです、キュリーの名字が残ったのです。彼らは結婚に際して、二人共に公的な場ではジョリオ＝キュリーという複合姓を名乗ることに決めました。これはマリーが、時にマリー・スクォドフスカ・キュリーと呼ばれたこととは、まったく意味が違います。というのも、ピエールは相変わらずピエール・キュリーのままだからです。妻だけが実家と婚家の姓をつなげ、男性は元のままというのが、当時の習慣でした。プライベートでは「ジョリオ」としか名乗りませんでしたが、公にはフレデリックもイレーヌも、共にキュリーとジョリオの二つの姓を持ちました。しかも科学論文を書く場合は、結婚前にすでにイレーヌはイレーヌ・キュリーの名で多数の論文を発表していたこともあり、二人は生涯、イレーヌ・キュリー、フレデリック・ジョリオという別々の名字で論文を発表し続けました。ですからリーゼ・マイトナーやオットー・ハーンは、手紙の中でイレーヌのことを、たいていはイレーヌ・キュリーと、キュリー姓のみで表現しています。

周囲はこうした大胆な試みに驚きますが、二人は意に介しませんでした。ちなみに、二人の伝記でも必ずそのタイトルは「ジョリオ＝キュリー」となっています。現在キュリー博物館で売られている二人のカタログでも、その表紙には「ジョリオ＝キュリー」と記されています。

こうして二人は、自分たちに合った方法で科学者夫婦としての生活を築いていったのですが、新婚時代のフレデリックは、なかなかに難しい立場にありました。というのも、先代のキュリー夫妻と違い、ジョリオ＝キュリー夫妻では最初から妻の方が有名人です。イレーヌは天才科学者夫妻の娘として、小さい頃から英才教育を施されました。彼女は科学者になるべく育てられた、キュリー帝国の姫君です。第一次大戦中は、母を助けてレントゲン車「プティット・キュリー」号に乗り、負傷兵たちを救った経験もあります。しかも同時にこの戦争中に、ソルボンヌ大学の終了証書を優秀な成績で取得し（数学、物理学、化学をそれぞれ十七、十八、十九歳で）、二十七歳で国家博士号を取得しました。まさに、科学者として一点の曇りもない完璧なキャリアです。

フレデリックの才能と努力

こんな女性と結婚する、「グラン・ゼコールどころか大学も出ていない」（物理化学学校は、日本のイメージとは少し違いますが専門学校です）年下の科学者志望の男性となると、その人物がよほどの家柄のおぼっちゃまというのでもなければ、科学界の大物キュリー夫人の身内になって、手っ取り早く出世しようとする野心家の男ではないか、と勘ぐられても仕方ありません。事実、彼はそう思われたのです。しかもイレーヌがエーヴのような美女なら、その美貌に目が眩んだという言い訳も立つでしょう。しかし、ここでその美貌が評判になったのはフレデリックのほうです。彼のイレーヌへの

「愛情」は、長いあいだ信用されませんでした。

この話の性が逆ならば、つまり「キュリー夫妻の長男と結婚する、科学者志望で彼より学歴が低い年下の美女」であれば、その愛情がそこまで疑われることはなかったでしょう。もちろん、彼女はその色香で息子をたぶらかしたと言われたかもしれませんが、その女性の科学者としての出世ということは、それほど問題にされなかったと思います。こういうことは「男の領分」なのです。だからフレデリックの立場は微妙でした。彼はなんとしてでも、キュリー帝国の姫君の夫にふさわしい業績をあげなければなりません。そして彼は、それを成し遂げます。

マリーもやがて、この娘婿の才能と努力を高く評価します。三度目のノーベル賞を知ることはなかったのですが、彼女は娘夫婦の素晴らしい発見が、賞を獲ることを確信して亡くなります。フレデリックはあとあとまでも、キュリー夫人が自分たちの発見を心から喜んでくれたその瞬間のことを、いろいろな人に語り続けました。義母に認められたことが、よほどうれしかったのでしょう。

政治的な闘い

晩年にフランスで有名だったのは、共産党員の科学者として原子力の平和利用を世界に訴えつづけたフレデリックのほうです。しかしこの政治的姿勢は、彼を難しい立場に追い込みます。彼はアメリカやイギリスに敵視され、一九五〇年に原子力委員会委員長の座を追われます。アメリカ同様フランスでも、共産党員やそのシンパを公職から追放し社会的に抹殺しようとする、レッド・パージ（赤狩り）まがいのことがあったのです。

ちなみにジェラール・フィリップもまた共産主義者でした。彼は俳優組合を組織し、フレデリックと同じくソ連を訪問し、なんと自ら進んで中米の政治的理想主義者の役を演じました。残念ながらジェラール・フィリップが主演した共産主義支持の映画は、どれも名作とは言いがたいもので、主義の先走った芸術はやはり傑作にはならないようです。

ただしこの二人が共産主義者でソ連びいきだったのは、偶然ではありません。この時代のインテリは、多かれ少なかれそういう傾向があったのです。かのサルトルもまた、このころはソ連を支持していました。今から考えると彼らは皆、ソ連のいいところだけを見せられていたのですが、当時はそれがソ連のすべてだと信じていたのです。しかし、仮に彼らがだまされたのだとしても、一方的に共産主義者を敵と見なし、あるいはその疑いがあるというだけで、かたっぱしから迫害したレッド・パージのような行為は、やはり許しがたい人権侵害です。

フレデリックは最後まで、左翼の科学者としての自分の立場を貫きました。ウージェーヌ・キュリーから左翼思想を叩き込まれていたイレーヌもまた、共産党員にこそなりませんでしたが、女性差別をはじめとする人権侵害に対して、異議申し立てをすることを恐れない女性でした。ジョリオ＝キュリー夫妻は、そういう意味では、政治から距離を置いた先代のキュリー夫妻とは違います。なんとイレーヌは、フランスが女性の参政権を認める前に、一瞬ですが人民戦線のブルム内閣に入閣しているのです。政治の世界の女性差別にあきれたこともあり、当初からの約束に従ってすぐに辞めてしまいますが、彼女も夫同様、終生政治的な女性でした。娘のエレーヌによると、祖父仕込みの無神論者だったイレーヌは、たとえ観光のためであっても、生涯「教会」という場所に足を踏み入れなかったそうです。これはカトリックの強いフランスにあっては、かなり挑発的な政治行為です。

放射線障害のために五十歳代であいついで亡くなったこの二人は、共に国葬で送られ、最初のキュリー夫妻同様、祖国の英雄となりました。

17　湯浅年子の不屈の生涯

日本初の物理学専攻女子学生

Cousin（クザン）川の絶間なくしぶく白き瀬よ何すれ君逝き給ひし我が仕事待たで

（山崎美和恵編『湯浅年子　パリに生きて』、二二一頁、みすず書房、一九九五年）

これは湯浅年子（一九〇九―一九八〇）が、師であったフレデリック・ジョリオ＝キュリーが亡くなって数カ月後に、日記に記した短歌です。年子は、敬愛していた師の死に目に会えなかったことを悔やみ、初めてこの偉大な科学者に出会ってから今日までの日々を思い出します。それは第二次世界大戦をはさんだ、日本にとってもフランスにとっても激動の日々でした。

湯浅年子は一九四〇年に、フランス政府給費留学生としてフランスに渡り、フレデリックに師事します。彼女は、パリの原子核科学研究所で研究にたずさわりました。そして日本の女性科学者としては初めて、フランスで正規の職を得て、一九八〇年にパリで没します。広い意味では、山田延男の後輩に当たると言っていいでしょう。明治に生まれた日本女性である年子は、どういう経緯でフランスに渡り、そこを第二の祖国と定めたのでしょう。

　湯浅年子は一九〇九年（明治四十二）、東京に生まれます。父は東京帝国大学卒の技術者で、母は江戸後期の歌人、橘 守部《たちばなもりべ》の曽孫でした。まさに明治のお嬢様です。年子は両親の才能を受け継ぎ、幼少の頃からあらゆる学芸に秀でていました。中でもいちばん好きだったのは、自然の不思議を説明してくれる理科でした。当時の日本では女子が入学できる大学は限られていました。年子は一九二七年に、東京女子高等師範学校（現・お茶の水女子大学）の理科に入学します。三一年にここを卒業した年子は、さらに学問を究めるために、女子学生を受け入れていた数少ない大学の一つ、東京文理科大学（東京教育大学の前身、現在は筑波大学）の物理学科に入学し、日本初の物理学専攻の女子学生となりました。

　文理科大卒業後は、同大学の副手となり、さらに東京女子大学の講師を経て、一九三八年には母校東京女高師の助教授になりました。この

東京文理科大学卒業研究中の湯浅年子
（お茶の水女子大学ジェンダー研究センター所蔵）

時代に彼女は、ジョリオ＝キュリー夫妻の人工放射能発見の論文に出会い、深い感銘を受けます。こうしてフランスへの夢がはぐくまれたのでした。年子はフランス留学を目指します。がんばり屋の彼女は、フランス語も熱心に学び、留学前にすでにかなりのレベルに達していました。こうして、年子はさらなる研究の発展をめざして、一九四〇年、フランス政府給費留学生として神戸の港からマルセイユ港に向けて出発したのです。それは、第二次大戦が始まってから、四カ月後のことでした。

「ジョリオ先生」の弟子

ところが年子は、パリで思いもかけない拒絶にあいます。憧れのキュリー夫人の長女イレーヌが、戦争のせいでラジウム研究所には外国人である年子の場所はないと、彼女の申し出を拒絶したのです。年子はショックを受けます。じつはイレーヌは、本当は心の温かい人でしたが、その特殊な生い立ちも影響して、初対面の人には無愛想でとっつきにくい人間でした。

戦争が始まりそうなのに、年子は病気の父を置いてまでフランスに来たのです。これでは意味がありません。年子は父のことをジョリオ＝キュリー夫人に話しながら、おもわず泣きそうになってしまいました。ところがこの話に、幼くして父を失ったイレーヌが心を動かされます。彼女は、夫のフレデリックのところでなら研究ができるかもしれない、と言ってくれたのです。こうして、かなりの面倒な手続きを経てのことですが、年子はコレージュ・ド・フランス原子核化学研究所において、フレデリック、つまり彼女の言う「ジョリオ先生」の弟子になります。

フレデリックはイレーヌと違って、初対面から他人に温かい感情を見せることができる人間でした。それに先にも書きましたが、すばらしい美男子です。おまけに威張ったところが全然ありません。そしてこれは私の想像ですが、フランス男ですから女性に親切で、立ち居振る舞いがいちいち女性に気を遣ったものだったに違いありません。相手が学生であれ、門番であれ、女性の前では帽子を取り、道も譲ってくれます。エレベーターでも先に乗せてくれ、自分はあとから降ります。ワインも頃合いを見てついでくれます。軍国主義がますます台頭し、(年子の大嫌いな) 軍人が威張りかえっていた日本からきた、若輩の女性研究者にとって、それは驚くべき経験だったに違いありません。

ノーベル賞を受賞した偉い先生が、自分に道を譲ってくれるのです。しかもそのやりかたのさりげないこと！　年子もイレーヌ同様、女性だけがその外見を云々される社会のジェンダー・バイアスに、うんざりしていました。ただ、イレーヌ以上にそれを気にして、自分が美しくないことを卑下していたのです。

ここで一言つけ加えるなら、どんな文化の中でも、その文化が「美男・美女」と規定しうる人間は、絶対の少数派に属しています。要するに「天才」と認められるのと同じことです。だからこそ価値があるのです。つまり大多数の人は、美男でも美女でもありません。したがって年子が美女でなくても、それはむしろ、湯川秀樹が美男でないのと同様、普通のことです。問題はその「普通」のことが、女性にだけプレッシャーを与える状況なのです。とまれ、年子にはこのことが、心に引っかかっていました。それだけに、美貌のジョリオ先生が自分に向けてくれる洗練されたマナーには、心の底から感激しただろうと思います。

ただしこうしたエレガントな立ち居振る舞いは、じつはヨーロッパ、特にフランスの伝統であり、べつに個人の個性ではありません。それに本当の意味で女性を人間として尊重することとは、また別の話です。しかし、男であるというだけで、言葉であろうが態度であろうが、女に対して傍若無人に振る舞う男たちを見慣れた明治生まれの年子にとっては、ものすごいカルチャー・ショックだったと思います。ついに年子は、フレデリックとその研究所の中に、自分の理想郷を見出したのです。

戦火を縫って

年子はこの偉大な師の期待に応えるべく懸命にがんばります。フレデリックもまた、この異国の女性科学者の明晰な頭脳と熱意に感銘を受け、彼女を熱心に指導しました。ドイツによるパリ占領などの不快なできごとはありましたが、研究所の人々はみな真剣に研究をつづけ、敵国人である年子を差別することもありませんでした。こうして彼女は一九四三年に、「人工放射性元素から放出されたβ線連続スペクトルの研究」で、フランスの国家博士号を取得します。

けれども戦争の嵐が、ついにこの研究生活を許さなくなります。先にも書きましたが、だいたい第二次大戦では、日本とフランスは敵同士なのです。日本は、フランスの大敵であるナチス・ドイツの同盟国なのですから。フランスにいるすべての日本人に、本国から最終の帰国命令が出ます。もはや日本の敗戦は決定的でしたが、年子は帰らなければなりません。それに、父は一九四一年に亡くなっていましたが、病床の母が彼女の帰りを待っていたのです。年子から父親の死の知らせを聞いたとき、イレーヌは、母マリーが書いた父ピエールの伝記を年子に贈りました。それは口下手なイレーヌの、異国で父を亡くした年子への精一杯の心遣いでした。

そのイレーヌも今やスイスに身を隠し、フレデリックは対独抵抗活動のために、地下に潜伏してしまいました。終戦までかくまう、と言ってくれたフランス人の友人たちを振り切って、年子は生きて母に会うべく、フランスを去ります。途中の数カ月、ベルリンの研究所で働きますが、そのあとシベリア鉄道経由で満州を経て日本に帰国しました。焼け野原の上野の光景はまさに「地獄」に在るようであり、それまでの苦労は「序ノ口」だったことを、深く年子に実感させました。

それでも、母は年子を待っていてくれました。帰った甲斐はあったのです。年子は母を看取ります。そして日本は無条件降伏し、年子が大嫌いだった「無意味な戦争」を行った大日本帝国は崩壊しました。しかし年子の祖国愛は誰にも負けません。歌人の末裔《まつえい》であった彼女は、日本文化を誇りに思っていました。だから彼女は、祖国をよりよい国にしたいと願ったのです。こうして年子は再び母校、東京女高師で教鞭をとることになります。

日本では研究ができない

このころ年子の教えを受けた学生たちは皆、「フランス帰りの」おしゃれで聡明な大先輩に指導されたことを、誇りに思っています。彼女たちにとって、それはかつて年子がジョリオ先生から受けたカルチャー・ショックと同じくらいの、素晴らしい経験だったと思います。でも、じつは年子はこの生活が不満でした。研究ができないのです。

設備の問題もさることながら、彼女は戦後の日本の科学技術政策と、うまく折り合えませんでした。特に科学界の大物、理化学研究所の仁科芳雄《にしなよしお》とうまくやっていけません。それに、本当の意味では女性の力をみとめない社会の雰囲気にもいらだちます。フランスと較べると、何もかも劣っているような気がするのです。じつは年子がフランスで過ごしたのは、キュリー夫人の影響が強い所でしたから、フランスの中でも、働く女性にとって特別に恵まれた場所でした。それだけに、日本の環境との落差は特にこたえるのです。

年子は結局、再度の渡仏を決意します。フレデリックが年子の研究環境を保障してくれました。「御無事を喜ぶ。もう一度一緒に研究しましょう」という師からの電報は、傷心の年子の心を光で満たし、未来への希望を与えてくれました。

こうして一九四九年にパリに居を定めた年子は、一九八〇年に亡くなるまでの三十一年間を、この街で過ごします。お茶の水女子大学（一九四九年に東京女子高等師範学校から名称変更）を一九五二年に休職し、コレージュ・ド・フランス原子物理化学研究所で、国立中央科学研究所（ＣＮＲＳ）の研究員となった年子は、はじめにも述べましたが、日本女性としてフランスに正規の職を得た最初の科学者です。一九五五年にはそのお茶の水女子大学も退職し、ＣＮＲＳの主任研究員の地位に就いています。ここからも明らかなように、科学者として彼女の力は、フランスで高く評価されたのです。

彼女は、こうした道を開いてくれた師の恩に報いるためにも、さらに研究に励みます。また、祖国日本への愛も忘れたわけではありません。年子はこれ以降、科学者としてだけではなく、日仏をつなぐ親善大使の役割をも果たしたのです。フランスで彼女の世話になった日本人は数知れません。それだけでなく、名文家だった年子は、『パリ随想』（全三冊、みすず書房）に代表される優れた随筆を執筆し、戦後の日本人に、フランスおよびヨーロッパの事情を知らせる窓口の一つになりました。それらは今なお、深く鋭い文明批評としての価値を持っています。

結婚の条件

こうして、キュリー夫人の孫弟子として誰にも恥じない経歴を持った年子ですが、ひとつだけ、マリーやイレーヌが経験したことをせずに済んでしまいました。彼女は家庭を持ちませんでした。年子は、結婚に興味はなかったのでしょうか。一九四六年ごろの日記に「恋をするようになった。しかしそれは本物であるかどうかわからない」という記述があります。両親も、姉も、家も失ない、科学者としての先も見えない不安の中で、ふと年子の心を動かした男性がいたのかもしれません。しかし年子の残した文章全体から感じられる男性への強い感情は、この恋の対象である人物へのものではなく、「ジョリオ先生」への強く激しい敬愛の情です。日記からも、随筆からも、翻訳のあとがきからも、彼女の書いたものの随所に「ジョリオ先生」が見え隠れします。こんな存在が常に心の中にいる状態では、他の男性とまともに恋愛することなどできないでしょう。

「ジョリオ先生」は年子にとって、学問の師以上の存在でした。それは父、兄、教師、科学者としてのロール・モデルであり、同時に「心の宝」でした。もちろんこの「ジョリオ先生」は、生身の男であるフレデリックとは別の存在です。それは光輝く星であり、決して届かぬ目標でした。

毎年毎年、元旦に「今年こそ他人に対して完璧に優しくなろう」などという、人間が絶対に到達できない目標を掲げ続けた年子は、完璧主義者で潔癖症でした。彼女は心の奥底で、たぶん感づいていたのでしょう、自分は、キュリー夫人やジョリオ＝キュリー夫人のようなやりかたで仕事と家庭を両立させることはできない、と。明治の真面目なお嬢様である年子は、やはり男性にある種の「父権的」な尊敬を求めたいのです。

しかしこの手の尊敬と対等な共働きは、現在の日本であっても両立しにくい条件です。ましてや当時の社会のジェンダー状況を考えれば、日本ではもちろんフランスでも、夫にそうした感情を抱く妻がのびのびと働くのは、容易なことではないでしょう。フレデリックは常々、年子に「結婚するならあなたの研究を妨げない人をお選びなさい」と言っていたそうです。しかし、こういう男性と結婚できるかどうかに関しては、敵は案外「外」にではなく、(その敵を作ったのは社会であるにせよ)自分の「内」にあることが多いのです。

とにもかくにも年子には、やはり明治のお嬢様で、収入のない「若いツバメ」を事実上の夫にして、二人の子供を生みつつ女性解放運動を指導した平塚らいてうのような真似はできません(「ツバメ」のこういう使用法は、らいてうの「夫」の奥村博史に対して使われたのが最初です)。だから年子は

「ジョリオ先生」を作り上げ、それを盾にして科学研究に打ち込みました。そうです、「ジョリオ先生」はたしかに、彼女の一番大切なもの、科学者である自分自身の自由と独立、そして人間としての尊厳を守ってくれたのです。

ですから師の死は、最初に紹介したように、年子には大打撃でした。彼女はそのときバカンス（これは年子があまりにワーカホリックなので、フレデリック自身が勧めたものです）に出ていた自分を責め続けます。これ以降、年子はフレデリックの業績や人柄を紹介することに熱意を燃やし、彼の伝記の翻訳を手がけたりもしました。こうして「ジョリオ先生」は、フレデリックの死後、年子の中で以前にも増して美しく輝き続けます。

「それは幻想に過ぎないではないか」と思われるでしょうか。たしかにそれは幻想です。でも私は、「ジョリオ先生は、私にとっては『師』という言葉の含むあらゆるもの、そして先生を『師』として仰ぐことができたことは、私の生涯の幸福だった」（『湯浅年子　パリに生きて』、二三四頁）と言いきれるまでに、自分が入れ込める対象に出会った年子は、幸せな人だと思います。「ジョリオ先生」は科学の理想像と結びつき、年子の人生の中で、彼女を導く灯火となりました。

大いなるロール・モデル

こうして最後まで現役の科学者としてパリで活躍し続けた年子は、一九八〇年、七十歳で亡くなります。癌という自分の病気に対しても科学者として臨み、あらゆることを医師に質問し続けたといわれています。死の床で彼女が受けたキリスト者としての洗礼の経緯については、不明瞭な部分もあるのですが、科学を超えた何かもまた、年子の心をとらえ続けていたことは確かです。

湯浅年子はお茶の水女子大学が世界に誇る卒業生であり、特にそこに通う理科系の女子学生にとっては、先輩女性科学者として勇気づけてくれる、大いなるロール・モデルです。年子の遺品の多くは、この大学の女性文化研究センター（現・ジェンダー研究センター）に寄贈され、大切に保管されています。創立以来、「お茶女」は、幾多の有名な「職業婦人」を世に送り出してきました。

ちなみに平塚らいてうも、ここの附属女学校（東京女子高等師範学校附属高等女学校）を出ており、この点では、やはり附属出身の年子の先輩に当たります。この、一見正反対に見える二人の女性の中に、たしかによく似た精神が存在します。二人は自分を生きることの大切さを知り、「女役割」ではなく、一人の人間としての自分を信じきる力を持っていました。

18　キュリー夫人とモードの歴史

青いウエディングドレス

みなさんは、キュリー夫人がどんなウエディングドレスを着ていたか、知っていますか。結婚式のときのキュリー夫人でよく見られるのは、二つの自転車を前にポーズを取る新婚夫婦の写真でしょう（次頁）。ここでマリーは、当時としては先進的だったスポーツファッションに身を包み、自転車は単なるお遊びではなく、新婚旅行の真剣な移動手段なのだということを、皆に表明しているようです。じっさい彼女は、当時めずらしいスポーツウーマンでした。

じつはこの前に、式でいちおう花嫁衣裳なるものを着ているのですが、白ではありません。なんと紺の毛織のスーツ型ドレスに、水色のストライプのブラウスです。これはどの程度一般的なことだったのでしょう。西洋絵画や当時の記録を見るとわかりますが、その昔ウエディングドレスは、王侯貴族であっても必ずしも白ではありませんでした。そもそも布というものは、十七世紀頃まではとても

結婚式のあと、自転車旅行の身支度をしたピエールとマリー

貴重なものでした。だから「追い剝ぎ」などという稼業が成り立ったのです。

十八世紀のはじめ頃から機織の技術が向上して、繊維産業が盛んになります。こうしてまず上流階級で、流行にあわせて次々と洋服を作るという現象が始まります。もちろん庶民にはぜったい真似のできないことです。ファッショナブルという英語に「上流階級の」という意味があるのは、ここから来ているのです。それでも「ウエディングドレス＝白」ではありませんでした。

この習慣が始まるのは、十九世紀のはじめ頃からです。もちろん上流階級のみの現象です。いくら技術革新が進んだとはいえ、まだまだ布は貴重品でした。汚れやすい白いドレスなどというものは、ふだん着に使えません。ドライクリーニングは存在しないのです。ほとんどの女性は、あとあとまで使える一張羅としてウエディングドレスを作ったのです。インドなどでは今もそうですが、結婚式のときに着たサリーは、そのあと親族や友人の結婚式で着るのです。庶民にとって白いウエディングドレスは、富の象徴で憧れの衣装でした。

しかし大衆社会の到来と共に、この習慣が中産階級にも広まります。さらなる技術革新によって、布の大量生産が可能になった後は、その下の階級でも、無理をして白いウエディングドレスを作る者が出てきます。たとえばランジュヴァン夫妻は労働者階級の出身ですが、写真を見ると、妻のジャンヌは結婚式で、白いウエディングドレスを着ています。ジャンヌはそのために、一生懸命節約したのかもしれません。これが、マリーが結婚した頃の状況でした。

合理的なマリーは、当然「あとあとのこと」を考えます。一回きりの白いドレスなんてとんでもないことです。そんなお金は自転車の部品に使った方がましです。こうして繰り返し使える服として、紺のドレスを選んだのです。

話は変わりますが、『大草原の小さな家』の作者として有名なローラ・インガルス・ワイルダーも、アルマンゾ・ワイルダーとの結婚に際して、新品の黒いドレスを身につけました。白は経済的に無理としても、「なにも黒でなくても」という声もありましたが、この独立心の強い十八歳の少女は、黒い一張羅を作ったのです。ちなみにローラとマリーは同年の生まれです。進んだ道は違いますが、自分の運命を自分の力で切り開いたこの二人の女性は共に、汚れの目立たない濃い色のウエディングドレスを選ぶことで、合理的な結婚生活を営みたいという自分たちの望みを、色で表現したとも言えるでしょう。

女性ファッションの激動期

そもそもキュリー夫人が生きた、十九世紀後半から二十世紀はじめは、科学においてもそうですが、

バッスル・スタイル

クリノリン・スタイル

女性ファッションに関しても激動の時代でした。マリーが生まれたとき、欧米では、クリノリンという輪っかのようなものを下着の上に着てから、大きく裾の広がったスカートをはくというスタイルが一般的で、歩きにくいことこのうえありません。マリーの母も、このドレスを着て写っている写真を残しています。マリーの青春時代は、下着の上にさらにお尻にバッスルというクッションのようなものを当てて、その上に後ろに飾りのついた細いスカートをはくスタイルから、S字と呼ばれる水鳥のようなシルエットを追求するスタイルへの移行期です。ドレスにレースなどの飾りが一番たくさん使われたのは、このS字の時期でした。

これら三つのスタイルに共通するのは、ウエストを細く絞るコルセットです。ピエールがいちばん好きだったというマリーの若い頃の写真でも、彼女は、驚くほど細い腰を強調するドレスに身を包んでいます。このコルセットのために、女性はすぐに呼吸困難になって気絶すると言われたほどです。多くの医者がきついコルセットに反対しましたが、「流行」には勝てませんでした。最後のS字のコルセットには、多少の医学的配慮がなされたと言われていますが、体を締めつけることに変わりはありません。マリーもまた、コルセットを締めた上に、引きずるような長いスカートをはいた状態で、いわゆるスーツを着た男子学生と同じ競争を勝ち抜かねばなりませんでした。

いったい女性たちはなぜ、こんな動きにくい服装をしなければならなかったのでしょう。それは歴史はじまって以来の話なのでしょうか。じつはそうではありません。私たちは西洋のファッションというと、十八世紀のマリー・アントワネットなどの時代の方が、けばけばしく動きにくい服装をしていたような印象を受けますが、こと女性に限ってはそうともいえないのです。たしかに男性ファッションでは、十八世紀のほうが動きにくいのです。ところが次の十九世紀はテーラードスーツが発明され、ホワイトカラーの男性の労働服となった時代です。ちなみに、スーツの下の白いシャツの襟がホワイトカラーの語源です。ごく初期の時代は別ですが、これは肩にポイントを置く、エレガンスと労働を一致させた動きやすいファッションでした。

しかし女性は違うのです。男性服が地味になるのと対照的に、女性服はますます派手に、かつ動きにくくなります。そこには、技術革新のおかげで以前ほどには貴重なものではなくなったレースやリボンがふんだんに使われ、女性たちは競って「労働からいかに解放されているか」を、外見でもって示そうとしました。

しかも以前より多くの女性たちが、この動きに合流します。働かざるを得ない女性たちまでが、これを真似したいと思いはじめます。これは大衆社会が到来したことの証拠です。ここでの女性の役目は、男性（父、夫、息子）の「動産」としての外見を維持することであり、女は地味になってしまった男たちの分まで、着飾ることを要求されました。女たちの贅沢はたんなる趣味ではなく、彼女たちを養っている男たちの富を誇示するものでもあったのです。

簡素な服装とスポーツの奨励

これは皮肉な話でもあります。というのも、キュリー夫人が生まれてから結婚する頃までというのは、女性が高等教育へ進出してゆく時期でもあるからです。マリーが正規の大学生になれたのも、この流れのおかげです。なのに女性服は、ますます男性服との差異を強調し、女性が男性の付属品であることを誇示するものとなるのです。当然これに反対するフェミニストたちの動きがありました。改良服などを提案して、もっと動きやすい服を着ようと呼びかける女性たちのグループも存在しました。しかしどの運動も、あまり成功したとは言えません。

この文脈で考えると、キュリー夫人のウエディングドレスやスポーツファッションは、既成の女性服に対する、働く女性の抵抗と見ることもできるでしょう。未婚の頃は、マリーもある程度流行に従っていましたが、残された写真を見る限り、結婚してからは、「科学者」として自分の労働を、服装選びの基準にしているように見えます。実験室における彼女の服装は、じつに簡素なものです。なんといっても純粋ラジウムを精製するために、恐るべき肉体労働をしなければならなかったのですから。

裁縫が得意だったマリーは、娘たちにも自作の簡素なドレスを着せ、体操して体を鍛えるように指導しています。マリーは水泳も得意で、晩年になっても母親は、別荘のあるラルクエストで黒い水着を身につけて泳ぐのが大好きだった、とエーヴが書き残しています。

こうした、女性にスポーツを奨励する態度は、当時としては珍しいことでした。そもそも当時は自転車などに乗ること、つまり男式に馬乗りになること（女性の乗馬は横乗りが基本でした。というのも、またがる姿勢はみだらだとされていたからです）は、女性の慎みを失うことになるからよくないという世論が、大きな力を持っていた時代だったのですから。

何世紀も続いたコルセットが女性ファッションから消えるのは、マリーの娘たちの時代です。たぶん一つの選択肢としてデザイナーのポワレが、そして働く女性の意思表示としてシャネルが、一九一〇年代から二〇年代にコルセットのないスタイルを発表します。特に第一次大戦後は、世界中の女性たちが、このスタイルに賛同の意を示します。スレンダーな体型の二人の娘たち、イレーヌとエーヴは（装い方は全然違いますが）、この新しいファッションの恩恵を受け、締めつけず引きずることのないスカートをはいて、颯爽とスポーツをし、仕事をこなしました。

マリーのお手製のドレスを着た二人の娘と

現在、私たちのファッションはどうなっているのでしょう。ジーンズに象徴されるジェンダー・フリーのスタイルがある一方で、子供服などは、むしろ極端なジェンダー化が進んでいるのではないでしょうか。男の子の服装は勇ましさや力を誇示するものが、女の子の服装はますます装飾過多のものが増えているような気がします。私はキュリー夫人が、今の日本のデパートの子供服売り場を見たらなんと言うだろうと、ふと考えることがあります。「やっぱり自分で縫うわ」と言うでしょうか。それとも「ユニクロの服しか着せないわ」とでも言うでしょうか。

19 「完璧な妻、母、科学者」という罠

なぜアメリカで歓迎されたのか

キュリー夫人が一グラムのラジウムを受け取るために、一九二一年に初めてアメリカを訪れて、時の大統領ウォレン・ハーディングに迎えられたときのことです。大統領は「気高い女性であり、また献身的な妻であり、やさしい母でもあり、その重く困難な仕事に加えて、女性としてのつとめをすべてはたした人」（『伝記』、四五九頁）と、この女性を讃えました。

この旅行は、一人のアメリカ人女性ジャーナリスト、ミッシー・メロニーの発案によってなされたものです。ラジウムの発見者として世界的に有名なキュリー夫人の研究所に、「ラジウムが足りない」という信じられない話を聞いたミッシーは、アメリカの婦人団体に働きかけて、巨額の寄付金をかき集めました。これをマリーのアメリカ滞在費や、彼女に贈呈するラジウムの購入費に充てるのです。こうすることで、特許を取ることをいさぎよしとせず、ラジウムの作成方法を無償で世界に提供

した偉大な女性に対する、アメリカ女性たちの賞賛の気持ちを表わそうとしたのです。

それにしてもアメリカの女性たちは、どうしてこれほど熱心にマリーのために働いてくれたのでしょう。もちろん当時の欧米では、中流階級の女性たちの団体はさまざまな寄付金集めをしていたのですが、これはよくある慈善運動とは違います。たぶんマリーに寄付をした女性たちは、自分たちにとってのある種の理想として、マリーをとらえていたのだと思います。一九二一年というこの時期は、アメリカ女性が参政権を獲得した直後のことで、教育についてはすでにたくさんの女子大があり、多くの女性が高等教育を受けていました。

たとえば津田梅子（一八六四—一九二九）が、マリーがソルボンヌにいたのと同じ頃に、アメリカのブリンマー女子大学で生物学を修めたのは有名な話です。このとき彼女の指導をしたのは、後にノーベル医学・生理学賞を受賞するトーマス・モーガンでした。すばらしい環境ではありませんか。

しかし多くの場合、卒業後の彼女たちを待っていたのは、受けた教育にふさわしい社会生活ではありませんでした。実は梅子は、ブリンマーから「科学者として」残るように強く誘われたのですが、苦労を覚悟で、日本の女子教育の向上の為と帰国します。けれども、アメリカに残っても、程度の差はあれ、やはり女性であるための困難に悩んだでしょう。ランドルフ・メイコン女子大学で教育をうけた、イレーヌと同世代のノーベル賞作家パール・バックが、高等教育をうけながらその成果を生かせずに悶々としているアメリカ女性たちのことを、「火薬の女性」と命名しています。

「火薬の女性」たちにとって、マリーは理想です。というのも、マリーは受けた教育を完全に活かし、社会の役に立つ偉業をなしとげ、そのうえハーディング大統領の言葉が示しているように、夫（このときは未亡人でしたが）と子供がいるのです。アメリカ女性、いいえ世界中の多くの女性たちにとって、マリーはすべてを手に入れた女性だと見なされていたに違いありません。しかしこういう考え方は、じつはジェンダーの罠なのです。

ジェンダー・バイアス

ここでちょっと、ハーディング大統領の言葉について考えてみましょう。何かおかしいと思いませんか。もしアメリカに来たのがピエールだったら、つまり事故死したのがマリーで、やもめのピエールが娘と一緒にワシントンに来たのだとしたら、大統領はピエールに向かって、「男性としての務めをすべて果たした優しい父親」と彼を讃えたでしょうか。まずありえないでしょう。直接言うことはないかもしれませんが、「早く再婚して、新しい妻に身の回りの世話や娘たちの面倒を見てもらえばいいのに」と思ったにちがいありません。これがいわゆるジェンダー・バイアスというものです。そしてマリーの人気は、このバイアスに大きく依存しているのです。

この本の最初に、キュリー夫人が入っていない子供向けの伝記全集を探すのは難しいと書きました。こういう本を買うのは子供本人ではありません。親が子供に買い与えるのです。ですから子供向けの本の場合、親の気に入られないと買ってもらえません。その点、キュリー夫人の伝記は理想的なのです。先進国に限りますが、マリーの晩年以降の時代の親たちの多くは、もし自分の娘が聡明ならば、それを生かした職業生活を娘に送らせることに絶対反対という人は、少数派になったと思います。

ただし、一つの条件つきです。それは「結婚するならば」、そして「子供を持つならば」という条件です。この二つのことは、「必然的に」はセットにならないのですが、親たちはそんなことは考えません。「キュリー夫人のように家庭と職業の両方が持てるなら、娘が自分の才能を生かすのはかまわない」というのが、たいていの親の本音です。たとえばナイチンゲールも有名な女性の偉人ですが、「神のお告げで」親の反対を押し切って看護の道を選び、その家柄や財産や美貌にもかかわらず、自由と独立を求めて独身を通したこの女性を見習ってほしいという親は、きわめて少数派だと思います。マザー・テレサもしかりでしょう。

「女中」の存在

じっさいは、キュリー夫人の伝記を娘に薦める親や教師たちが思っているかたちで、マリーが家庭と仕事を両立させていたわけではありません。エーヴははっきりとは書いていませんが、あれだけ研究に打ち込んだ科学者が、そこまで家庭を顧みるのは不可能です。それに、イレーヌとエーヴの章でも少し触れましたが、ピエールの死後のキュリー家の状況には、かなり複雑なものがありました。

だいいち、たいていの親たちは、マリーが常時雇っていた「女中」の存在を忘れています。例の第一次大戦中のマリーの活躍も、女中あっての功績です。どうしてマリーとイレーヌが、昼夜なく戦場を走り回ることができたと思いますか。女中がつきっきりで、小学生だったエーヴの面倒を見てくれていたからです。戦争以外でもさまざまな理由で、二人の娘は何カ月も母親と会えないことがありました。マリーの友人たちの助けもありますが、この時も「女中」や住み込みの「家庭教師」が、大きな働きをしたのです。そして友人たちが気軽に長期間、子供を預かってくれたのも、そこにもまた「女中」がいたからこそです。現在のわれわれが友人の子供を預かるのとは、わけが違います。

一九七〇年代くらいから顕著になりましたが、もはや先進国では、住み込みの女中をやとって家事全般をやってもらうなどという選択肢は、ほとんどなくなりました。そんな「贅沢」が可能なのは、ごく一部の大金持ちだけです。じつは家事や育児の負担は、マリーより二十一世紀の私たちの方が大変かもしれないのです。

じっさい私は小さい頃から、この「女中」という存在がとても不思議でした。キュリー家でもそうですが、明治から昭和初期の小説では、「貧乏だ、貧乏だ」と言う主人公の家にも女中が登場します。どうして貧乏な人が女中を雇えるのかが、子供の私にはまったく理解できませんでした。何のことはない、当時は信じられないくらい人件費が安かったのです。こうした貧富の差や階級制度のおかげで、マリーのような職業婦人は家庭と仕事の両立が可能でした。今でも発展途上国では、同様の状況が存在します。

そんな時代状況を無視して、「キュリー夫人は仕事も家事、育児も立派にこなしたから見習いなさい」などと親や先生に言われる女の子たちは、たまったものではありません。家庭電化製品はどうなのだという意見もあるでしょうが、たぶん昔の「女中」の方が便利です。というのも、家電によっては家事時間は減っていないというのが、多くの研究者の一致した意見だからです。それは、コンピュータの普及によって労働時間が減ってはいないのと同じ理由です。私たちはそれで空いた時間を、さらなる「仕事」や「家事」に使ってしまうのです。

同業者カップルの困難

もう一つの問題は、キュリー夫妻のイメージとして「共同で科学研究する仲の良い夫婦」像を、エーヴの伝記やマスコミが強力に作り上げたことです。キュリー夫妻にとっては、そのことは事実だったでしょうが、このイメージが夫妻を超えて、あらゆる科学者カップルに拡げられたことに問題が生じているのです。出典は忘れましたが、私が大学の理学部時代に読んだ本の中に（たしかアメリカの翻訳本で「科学者をめざす人のために」というようなタイトルでした）、女性科学者志望者へのこんな「忠告」が載っていました。曰く「キュリー夫妻の調和的イメージが強烈すぎて、じつはこの夫妻は科学者カップルとしては例外的なのだ、という事実が一般に知られていない」。作者の主張は「たいていの場合、同業者はライバルになってしまう」というものです。

よく考えればありそうな話です。たとえば専門が近ければ近いほど、二人でポスト争いになる可能性は大です。相手の仕事の内容がわかっているというのは、ある意味では諸刃の剣なのです。ミレヴァがあそこまでアルベルトに尽くしたのも、本当の意味で彼の実力がわかっていたからです。再婚相手のエルザは、「アインシュタインを理解していない」と批判されることがありましたが、それだけに彼女は、自分を犠牲にしたりしませんでした。

たとえ片方の仕事が、その分野でどれほど優れたものであっても、それは人間としての権利において、カップルの間に上下を作るものではないはずです。しかし実際は、そううまくはいきません。成功した科学者カップルについてはいろいろと話題になりますが、うまくいかなかった例、特に女性が助手的位置にとどまった例については、社会のジェンダー・バイアスが作用しますから、「あたりまえのこと」として注目されません。

ミレヴァ・アインシュタインが、なぜ最近ある程度有名になったのかは、ひとえに同胞のセルビア人女性研究者が、彼女の資料を掘り起こしたからです。民族と性という二つの要因がなければ、ミレヴァは「アインシュタインと結婚して専業主婦になった同級生」という、よくある例の一つとして誰にも注目されなかったでしょう。もっと言えば、アルベルト・アインシュタインがあんなに有名になって、さらにミレヴァと別れて従妹と再婚したことも、ミレヴァが注目された要因です。もしミレヴァとアルベルトが仲の悪いまま、そのことを隠しつづけて離婚しなかったら、その女性セルビア人研究者も彼女を調査したかどうかわかりません。少なくともごく最近までは、マリーよりも、ミレヴァ的な例の方がマジョリティだったのですから。キュリー夫妻の神々《こうごう》しいイメージが隠してしまっている「科学者カップル」の実態について、私たちはもうすこし冷静に考えてみなければならないでしょう。

何を学ぶべきか

キュリー夫人が私たちに残してくれたものは、結局何だったのでしょう。それはじつは皆さん一人ひとりにとって異なるものです。マリーは自分の人生をせいいっぱい生きました。彼女の周囲の他の人物たちもしかりです。そこから私たちが何を摑むかは、私たちが人生に何を求めているかにかかってきます。ただ、できることなら私は皆さんに、マリーやその周囲の人々の人生から、紋切り型の偉人への尊敬や模倣ではなく、歴史の中に生きる存在としての人間の可能性を、つまり夢物語ではない「希望」を摑みとってほしいと思います。

私たちは皆それぞれに、ある時代、ある場所に、ある人種や階級（これらは複数のこともありますが）に属する者として生まれてきます。そのことを否定することはできません。それを無視して生きようとすると、アインシュタインの最初の結婚のように、抵抗のための抵抗に自分自身が翻弄されることになります。しかし人間は、生まれてきた環境の呪縛に完全に屈してしまう必要もありません。過去があり、現在があり、そして未来があるのです。過去を踏まえた上で、未来への希望を考えることができるはずです。この本が皆さんの心の中に、そうした希望を少しでも養うことができたら、作者としては本望です。

あとがき

じつは私にとって、マリー・キュリーは長い間、自分とは関係のない遠い存在でした。小学生の時には毎月、学研の雑誌『科学』（二〇一〇年四月休刊）が届くのが楽しみで待ち切れなかった理科大好き少女でしたから、「ラジウムを発見したキュリー夫人」の名前はもちろん幼い頃から知っていました。そして多くの日本人同様、女性科学者の名前は、キュリー夫人しか知りませんでした。しかし女性科学者になろうと思っていたのに、キュリー夫人は私にはあまり魅力的ではなく、アインシュタインの方がかっこいいと思っていました。それは多分に娘エーヴによる伝記の影響、いえ、より正確に言うならば、エーヴの伝記を参考にした子供向け伝記や、ハリウッドの伝記映画などの影響だったと思います。つまり「幼いころから完璧な優等生で、優等生のまま死んだお堅い女性」というイメージが強烈で、親しみを感じなかったのだと思います。

それに比べれば、教師に劣等生よばわりされたり、数学が苦手だったり、バイオリンが上手だったり、チャップリンと共感し合ったりという、破天荒なイメージが流布していたアインシュタインの方が、私には魅力的でした。ですから、気になるし、偉いとは思うけど、あまり見習いたくない存在、というのが私にとっての、長い間のキュリー夫人のイメージでした。じつは「優等生キュリ

ー夫人 対 ユニークな天才アインシュタイン」という、一般に流布したこの対照的イメージこそがジェンダー問題だったのですが、そんなことは考えてもみませんでした。それがわかるようになったのは、ずっと後の話です。

「お堅いキュリー夫人」という私のイメージを変えたのは、本書でもとりあげた、第二波フェミニズムの中であらわれた二つの伝記、ロバート・W・リードの『キュリー夫人の素顔』と、フランソワーズ・ジルーの『マリー・キュリー』でした。このとき私のなかで、この人物はいわゆる「キュリー夫人」から「マリー・キュリー」という存在へと変化したのです。と同時に、「解釈」というものの重要さを思い知らされました。ランジュヴァン事件にせよ、放射能の問題にせよ、事実関係そのものがあとから変わることはほとんどありませんが、その事実をどうとらえるかというのは、どの立場に立つかによって大きく違ってくることを知ったのです。

このころから、いつかマリー・キュリーについて書いてみたいと思うようになりました。けれども科学史研究者としての私の専門は、マリーの生きた時代ではなく、もう一世紀前の十八世紀フランスでしたから、なかなかその思いを形にすることはできませんでした。そんなときにふとした偶然から、山田延男の存在を知りました。ラジウム研究所に行ったがために、放射線障害になり、三十一歳で死んでしまった日本人科学者。いろいろなつてをたどって、遺児である山田光男氏にインタヴューをすることになったとき、父の記憶のないこの人が、自分のルーツを探ろうとしているその姿に、人間にとってのルーツの重要さという問題を改めて思い知らされました。

テレビドラマにもなりましたが、有名な『ルーツ』というアレックス・ヘイリーの著作を思い出しました。アメリカの黒人である作者が、自分の先祖がどのようにしてアフリカからアメリカにつれてこられ、その後どのような過程をたどって自分に至ったかを、順々にたどってゆく自伝的フィクションです。それはヘイリー個人の先祖からの歴史であると同時に、アメリカ史、あるいはアフリカ史のひとつの側面を描いたものでもあります。

私は最初、こうした側面から山田延男のことを論文にしようと思いました。しかし資料が少なすぎました。いわゆる「論文」にするには、山田個人の情報が足りないのです。それに妻であった浪江のことも気になっていました。そうすると、「論文」という形式はあまり向いていません。それならいっそ、延男の先生だったマリー・キュリーについて書いたらどうだろう、と思うようになりました。

このとき、気がついたら自分の本棚に、マリー・キュリーとその周辺をめぐる様々な資料が、いつの間にかたくさんたまっていました。単なる伝記ではなく、山田延男や山田浪江のことも含まれた本。マリー・キュリーから連想されるさまざまな主題を扱いながら、科学だけでなく、ジェンダーや戦争や、人間にとってのルーツの問題について考えることができる本。そして自分の国を忘れることなく、世界について考えることができる本。マリー・キュリーにとってのポーランドとフランス、エーヴ・キュリーにとってのフランスとアメリカ、山田延男や湯浅年子にとっての日本とフランス。「いま」「ここ」から離れることなく、別の時代や別の場所についても思いを巡らせることのできる本、そんな本を書けないかと思ったのです。

それはまた、戦後の平和な時代に生まれ、高度経済成長の中で、人類の進歩は当然のことと信じて子供時代をすごした自分自身、女性参政権や男女共学を当然の権利としながらも、じっさいは社会のジェンダー・バイアスのために、女の子と科学が切り離されていた「自分の」時代を描くことでもありました。

じっさい、これを書きながら私はその章ごとの主人公たち、あるいは彼女たちや彼らと類似の経験を持つ他の人たちからも、強い暗示のようなものを受けました。特に苦しかったのはリーゼ・マイトナーの章を書いていたときです。私はこの間じゅうずっと、二つの黒い瞳に見張られているような気がしていました。それはどこかしらリーゼの面影をもつ少女の瞳でした。私は、もしこの少女が成人していたら、リーゼが美人になったような感じかしらと、リーゼの写真を見ながら何度も思ったものです。しかし少女は大人になれませんでした。残ったのは日記といくつかの童話だけでした。少女の名はアンネ・フランク。リーゼ同様、ユダヤ人であるためにナチスに迫害され、ベルゲン・ベルゼン強制収容所で短い生涯を閉じ、『アンネの日記』を残したあの少女です。

科学や数学が大嫌いだったアンネは、その意味ではリーゼとの接点はないのですが、それでも私はアンネに見張られて、リーゼの章を書いたのだと今でも強く感じています。このふたりは、科学と文学とその嗜好は違いますが、当時の女性に課されたジェンダー役割を宿命と見なさず、自らの才能を信じてそれを伸ばした、あるいは伸ばそうとした女性です。それなのに、ユダヤ人というただそれだけの理由で、なぜ彼女たちはあんなにも苦しい思いをしなければならなかったのか。いえ、彼女たちだけではありません。この本を書いているあいだ、湯浅年子の「この戦争が、いかに多くの才能の、のびるべき運命を滅ぼし去ったか」（山崎美和恵『パリに生きた科学者　湯浅年子』岩波ジュニア新書、一一四頁）という文章が、何度も何度も頭をよぎりました。祝祭と戦争は人間についてまわる宿命なのかもしれませんが、戦争の傷はあまりにも深く、個人はたとえ生き延びても、その後の長い人生をこの傷に翻弄されます。

私自身は戦争を知らない世代ですが、それでも、この本を書きながら、自分自身の人格や行動パターンが、大日本帝国に生まれ、先の戦争を体験した両親や祖父母、あるいはそれ以外の自分の周りにいた大人たちから、深い影響を受けていることを強く実感しました。そして、科学者になろうとしていた自分は、まさにそういうことを無視したかったのだということに思い至りました。その意味で、かつての私がマリー・キュリーよりもアインシュタインに惹かれたのは、当然だったかもしれません。アインシュタインもまた、科学の世界こそが、環境の束縛から自分を解き放つものだと信じたのです。しかし、この二人の生涯を見れば明らかですが、人が歴史の影響から逃れるのは不可能です。ですから本書では、科学者としてのマリー・キュリーの成功が、その先祖たちの複雑な歴史と深い関係を持っていることを、強く打ち出したいと思いました。

けれども、本文の最後で書いたことと重複しますが、私は人間を、ただただ環境に翻弄されるだけの存在とみなしたくはありません。これも、昭和三十年代に生まれた人間の特性かもしれませんが、「人類の進歩と調和」を謳った大阪万博に目を輝かせた少女であった私としては、あくまで人間を希望のある存在として描きたかったのです。若い世代に、未来への希望を持ってほしいと思ったのです。

本書の全体を書く前に、いくつかの章だけで構成した薄い冊子を作って、勤務先である名古屋工業大学の科学論の授業で使ってみました。二十歳前後の学生たちがマリー・キュリーについてどういう風に反応するか、見てみたかったのです。私がいちばん驚いたのは、若き日のマリーが住み込みでお屋敷の家庭教師をしながら、同時に近隣の農民の子供たちに無料で授業をしていたことに感動した、という学生が多かったことです。最近の若者は自己中心的だと言われることが多いのですが、彼らはこの、自己中心から最も遠いマリーの行動を賞賛したのです。そんな暇があるなら、ソルボンヌ大学の入学準備をすればいいのに、マリア・スクォドフスカは貴重な自由時間を割いて、未来のポーランド市民を育成する一翼を担いました。これは、自分と社会がつながっているという確信がなければできない行為です。「そんな行動ができるマリーがうらやましい」と感じた学生たちは、他者との前向きなつながりを強く求めているのだと実感しました。これは私が予想もしなかった反応でしたが、同時にうれしいことでした。

本書の執筆中にもうひとつうれしいことがありました。なんとマリー・キュリーの孫娘であるエレーヌ・ランジュヴァン＝ジョリオ夫人と会うことができたのです。二〇〇九年は奇《く》しくも湯浅年子生誕百年にあたる年で、湯浅の母校お茶の水女子大学で記念のシンポジウムが開かれ、ランジュヴァン＝ジョリオ夫人が招待されました。主催者のお茶の水女子大学ジェンダー研究センターの舘《たち》かおる先生のご厚意で、私は池袋のホテルで夫人のインタビューを行いました。

イレーヌ・ジョリオ＝キュリーが祖父ウージェーヌの影響で、生涯教会と名のつく建物には足を踏み入れなかった、という驚愕のエピソードを聞いたのもこの時です。ウージェーヌは合理主義者を自任していたのですが、この話から、西洋の合理主義の後ろには「反教会」「反宗教」という思想が抜きがたく存在しているのだということを、心の底から実感しました。十七世紀には神の存在証明でもあった近代科学が、まさに啓蒙時代を経てそのイメージを変化させ、イレーヌのような科学者には、むしろそれに反するものとして捉えられていたのでしょう。しかし、イレーヌのこの徹底した姿勢は、本書でも述べた、パンテオンを非宗教墓地としたフランス革命の、あの「狂信的」とも言える「反キリスト教」の姿勢に通じるものです。ここまでの断固たる態度は、日本人である私には、本当の意味ではなかなか理解し難いところです。ふと、湯浅年子は、こんなフランス人科学者たちとの付き合いの中で、異邦人としての孤独と、そこから来る開放感を感じて生きていたのだろうかと思ったりしました。

しかし私が一番びっくりしたのは、ランジュヴァン＝ジョリオ夫人が、第二派フェミニズムのあとのマリー・キュリーの伝記、特にアメリカ人フェミニストのスーザン・クインの『マリー・キュリー』に対して、好い印象を持っていないことでした。第一の理由は、やはり身内としてはランジュヴァン事件にあまり触れてほしくないのでしょう。彼女の義理の祖父はポール・ランジュヴァンその人なのですから。しかし第二の理由は、セクシュアリティや家族といった私的領域を問題にした第二波フェミニズムの手法が、彼女にはなかなか受け入れられないということにあるようです。

彼女や母のイレーヌは、第一派フェミニズムの世代の働く女性です。ふたりとも男に伍して働いてきた科学者であり、女性の市民としての権利獲得には何の疑問も抱いていません。けれども、私的領域に立ち入ることは、やはりこの世代の人には難しいようです。「個人的なことは政治的である」というスローガンは、これだけのキャリアの女性にとっても、いやむしろ彼女たちが成功した女性であるだけに、なかなか受け入れられないのかもしれません。しかしランジュヴァン＝ジョリオ夫人が気に入るようなマリーの伝記は、やはり今となっては「危険」な伝記です。それは子供だった私が、「キュリー夫人よりアインシュタインの方がかっこいい」と思ったことに通じるジェンダー問題だからです。

私がアインシュタインに惹かれた理由は、先にも述べましたが、自分が彼と同様に、科学が人間社会のわずらわしさから逃れさせてくれ、自分と過去との無関係性、あるいは自分の人間としての完全な自由を保障してくれるものと考えていたからです。しかしそれだけではありません。アインシュタインは、女性との関係（当時はもちろん知りませんでしたが）を除いても、話題に事欠きません。裸足に革靴でアメリカ市民の宣誓をしたといったエピソードは、私にはとても魅力的でした。けれどもアインシュタインの破天荒ぶり、そしてそれを肯定的に見る世間のまなざしは、彼が男性であるということに深く関係しているのです。もしマリー・キュリーが同様の変人ぶりを披露したら、世間は彼女を受け入れたでしょうか。

かつて三流雑誌がすっぱ抜いたマリーの手紙、彼女がランジュヴァンにあてた手紙は、その文体があまりにも「科学的」だといって批判されました。もしそれが感情的な手紙だったら、あるいはユーモアのある手紙だったら、今度は「軽薄だ」として、やはり叩かれたでしょう。マリーの科学者としての素質も疑われたかもしれません。見た目の権利だけが保障されたとしても、世間が女に許す行動様式は、男と同じではないのです。

ましてやマリー・キュリーの生きた時代には、この差は現代よりずっと大きなものでした。男の領域とされていた科学を、自らの職業として選んだ彼女を人間として描き出すには、その分析の対象を私的領域にまで広げた、第二波フェミニズムの視点なくしては不可能です。「もし日本語が読めたら、やっぱり私の本も気に入らないかな」と思いつつ、それでも私にとって、ランジュヴァン＝ジョリオ夫人との会見は、楽しくかつ貴重なものでした。

貴重といえば、お茶の水女子大学が保管している湯浅年子の遺品に直接ふれたこともまた、貴重な体験でした。年子は、「ジョリオ先生」のところにはじめて招かれたときに着ていた着物を、戦後も大切に保管し、それはいまでも少しも傷んでいません。黒地に緋の裏地、裾模様と可憐な桜、すずらんの刺繍のついた三つ紋の訪問着です。湯浅より少し時代はあとになるのですが、私の母の世代の女性たちに聞くと、皆口をそろえて「それは正装に近い格の着物で、それを着ることで、その女性は先生への最大級の敬意を表したのだろう」と言います。当時少女だったランジュヴァン＝

ジョリオ夫人が、今でも鮮明に覚えているというその美しい着物からは、それを荷造りしながら、もうすぐフランスに行けるのだと東京で胸をときめかせていた年子の希望と、彼女が生涯持ち続けた日本文化の美意識が伝わってきます。

十八世紀フランスの科学史を専門にする私のような研究者は、当然ですが現存する関係者に会うことはありません。あるいはその人を知っている人にも会えません。ですから、マリー・キュリーについての本を書くことで、普段とは違う経験をすることができました。山田光男氏やランジュヴァン＝ジョリオ夫人はもちろんですが、舘先生はじめこの人たちに会えるように仲介してくれた方々、パリのキュリー博物館の職員の方々、放射能についていろいろと教えて下さった日本アイソトープ協会の会員の方など、本書の完成にあたって、本当に多くの方々の助力をいただきました。一人ひとりのお名前は挙げられませんが、心より感謝申し上げます。また、アンネ・フランクやローラ・インガルスをはじめとする、少女時代の「心の友」も、私を激励してくれました。彼女たちが「いい本ね」と言ってくれるものになっていれば幸いです。

二〇〇九年十二月

著者

改訂版に際してのあとがき

二〇一〇年に初版を上梓した『マリー・キュリーの挑戦』が、このたび改訂版を出すことになりました。これもひとえに、読者のみなさまのおかげと感謝しています。

ただ、改訂の理由は、楽しいことばかりではありません。初版出版の翌年は、マリー・キュリーのノーベル化学賞（一九一一年）から一〇〇年を記念して、世界化学年と定められ、あちこちで行事が予定されていました。ところが、この年の春、あの大事件が起きたのです。

何という皮肉だろうと思いました。放射能研究のパイオニア、マリー・キュリーの功績を世界中で祝っているときに、歴史に残る、福島の原子力発電所で大事故が起きるなんて。

私はこの直後に、山田延男と湯浅年子についてパリで講演する仕事があったのですが、地震のあとは準備に手がつかず、黙示録の世界のような津波の映像に、釘付けになっていたのをよく覚えています。

夫妻でもらったノーベル賞の講演で、ピエール・キュリーは「大犯罪人」の手にかかると、ラジウムは危険なものになると警告しています。ピエールの「大犯罪人」とは、「人々を戦争に駆り立てる」連中だそうです。けれど、福島の事故にその手の「大犯罪人」はいません。マリーの生前に、奇妙なラジウムグッズを売り出した企業にも、そんな「大犯罪人」はいなかったと思います。「大犯罪人」がいなくても、無知や無自覚、あるいは想像の貧困さによって悲劇は起きるのです。

この改訂版は、3・11以降のそんな思いや、初版発行以後に見つけた新しい情報を盛り込んで、新たに書き直したものです。特に大きく変えたのは、マリーの次女エーヴ・キュリーの部分でした。今年のはじめに出た伝記により、この女性が、ジャーナリストとして、戦中・戦後史に残る足跡を残したことがわかったからです。

たしかに夫と共同でノーベル化学賞を受賞したイレーヌは、「キュリー夫妻の娘」にふさわしい人物です。しかしエーヴは、戦時特派員という自身の資格でド・ゴールやチャーチルと渡り合った、世界でただひとりの女性です。つまりその分野のパイオニアという意味では、エーヴこそが「女性第一号」のタイトルを総なめにした母、マリーの跡を継ぐ者です。

エーヴの書いた『キュリー夫人伝』を最初に和訳した仏文学者たちが、新装版出版の際に、戦後の日本の女性の目覚しい社会進出と活躍に「本書がささやかながら、その土壌を培うのに貢献したことを私たちは信じ、かつひそかな誇りとするものである」(『キュリー夫人伝』〈新装版〉白水社、一九八八年)と述べています。もしもこの本で、わずかでも同じことが言えるとしたら、とても幸せです。

二〇一六年八月

著　者

『パリに生きた科学者　湯浅年子』山崎美和恵、岩波ジュニア新書、2002年

『津田梅子』古木宜志子、清水書院、1992年
『科学者とは何か』村上陽一郎、新潮社、1994年
『二十世紀を変えた女たち』安達正勝、白水社、2000年
『科学する心――日本の女性科学者たち』岩男壽美子・原ひろ子、日刊工業新聞社、2007年
『神の火を制御せよ――原爆を作った人びと』パール・バック、丸田浩監修・小林政子訳、径書房、2007年

＊詳細な参考文献については「川島慶子のホームページ」を参照されたい。

[参考文献]

本文で引用、言及したものを中心に、発展的な読書に資するものを加えた。

『キュリー夫人伝』エーヴ・キュリー、河野万里子訳、白水社、2006年
「自伝」マリー・キュリー、木村彰一訳（『世界ノンフィクション全集／8』中野好夫他編、筑摩書房、1960年、所収）
「わが母マリー・キュリーの思い出」イレーヌ・ジョリオ＝キュリー、内山敏訳（『世界ノンフィクション全集／8』中野好夫他編、筑摩書房、1960年、所収）
『母娘の手紙』マリー＆イレーヌ・キュリー、西川裕子訳、人文書院、1975年
『キュリー夫人の素顔』上・下、ロバート・リード、木村絹子訳、共立出版、1975年
『マリー・キュリー』フランソワーズ・ジルー、山口昌子訳、新潮社、1984年
『キュリー夫人／伝記　世界を変えた人々1』ビバリー・バーチ、乾侑美子訳、偕成社、1991年
『マリー・キュリー』1・2、スーザン・クイン、田中京子訳、みすず書房、1999年
『ピエール・キュリー伝』マリー・キュリー、渡辺慧訳、白水社、1959年
『マリー・キュリーが考えたこと』高木仁三郎、岩波ジュニア新書、1992年
『マリー・キュリー』桜井邦朋、地人書館、1995年
『科学者キュリー』セアラ・ドライ、増田珠子、青土社、2005年
『マリー・キュリー――フラスコの中の闇と光』バーバラ・ゴールドスミス、竹内喜訳、小川真理子監修、WAVE出版、2007年
『マリー・キュリー――新しい自然の力の発見』ナオミ・パサコフ、西田美緒子訳、大月書店、2007年

『二人のアインシュタイン――ミレヴァの愛と生涯』デサンカ・トルブホヴィッチ＝キュリッチ、田村雲供・伊藤典子訳、工作舎、1995年
『アインシュタイン　愛の手紙』アルバート・アインシュタイン＆ミレヴァ・マリッチ、大貫昌子訳、岩波書店、1993年
『リーゼ・マイトナー――嵐の時代を生き抜いた女性科学者』R．L．サイム、鈴木淑美訳、米沢富美子監修、シュプリンガー・フェアラーク東京、2004年

『パリ随想』全3冊、湯浅年子、みすず書房、1973年、1977年、1980年
『湯浅年子　パリに生きて』湯浅年子、山崎美和恵編、みすず書房、1995年

川島慶子（かわしま　けいこ）

1959年神戸市生まれ。京都大学理学部地球物理学科卒業。東京大学理学系大学院在学中に1989年より2年間、パリの高等社会科学学院に留学。専門は18世紀フランスの科学史。ジェンダーの視点を取り入れた独自の研究が注目を浴び、国際的にも活躍する。現在、名古屋工業大学教授。著書に『エミリー・デュ・シャトレとマリー・ラヴワジエ――18世紀フランスのジェンダーと科学』（女性史青山なを賞受賞、東京大学出版会）など、論文「マリー・キュリーにとっての戦争、革命」（「女性研究者の特性とリーダーシップ」研究報告）ほか多数。一連の業績により2010年度の山崎賞受賞。

改訂　マリー・キュリーの挑戦
—科学・ジェンダー・戦争—

二〇一〇年四月五日　初版第一刷発行
二〇一六年一〇月五日　改訂第一刷発行

著　者　川島慶子
発行者　工藤秀之
発行所　株式会社トランスビュー
東京都中央区日本橋人形町二-三〇-六
郵便番号一〇三-〇〇一三
電話〇三（三六六四）七三三四
URL http://www.transview.co.jp
振替〇〇一五〇-三-四一一二七

印刷・製本　中央精版印刷

ISBN978-4-7987-0162-2　C0023